D1662618

Oma, ich liebe Dich!

Monika Seibel

Monika Seibel

(monika.seibel@t-online.de)

Copyright 2010   Martina Galunder-Verlag

Alte Ziegelei 22 A

D-51588 Nümbrecht-Elsenroth

Telefon: 02293/909873

Telefax: 02293/909874

Email: info@Martina-Galunder-Verlag.de

Katalog: www.Martina-Galunder-Verlag.de

ISBN   978-3-89909-082-6

Für unsere Enkelkinder Pascal, Lara, Sina, Ben und Phil.

Segensspuren in meinem Leben

Zwischendurch

Als ich wieder einmal abends in meinem Giebelstübchen am Computer an dem Manuskript meines Buches schrieb, lag unser siebenjähriger Enkel Ben als Schlafgast nur ein paar Meter entfernt von mir in seiner Bett-Koje und fragte: „Oma, wem schreibst du denn einen Brief?" „Ich schreibe keinen Brief, sondern mein Leben für unsere Kinder und euch Enkelkinder auf." „Ab wann denn, Oma?" „Von meiner Geburt an, Ben." Postwendend kam aus der Koje zurück: „Aber Oma, da konntest du doch noch gar nicht schreiben!" Worauf hin ich ihm erklärte, dass mir meine Mutter das alles aus meiner Kindheit immer wieder erzählt hat. „Und vielleicht interessiert es dich und deine Geschwister ja mal später?!" Darauf erwiderte der kleine Kerl mit schlaftrunkener Stimme: „Oma, das tut es jetzt auch schon!"

INHALT

Vorwort

Es ist mir ein Anliegen, Wichtiges aus meinem Leben festzuhalten. Es sind die Erfahrungen, die ich mit Gott gemacht habe und Menschen, die er mir an den Weg stellte, denn dadurch wurde mein Leben entscheidend geprägt. So begann ich also mit meinen Aufzeichnungen im Jahr 2006. Zwei Jahre später erschien in einem christlichen Magazin der Beitrag, welcher bei mir wie ein Blitz einschlug! Der Titel: Gedrucktes Vermächtnis. Untertitel: Wie schreibe ich meine Lebenserinnerungen auf? Tipps von Andrea- Maria von Wrangel. Als erstes las ich: „Sie leben nur einmal! Sie sind ein einzigartiges Geschöpf Gottes- ein Individuum unter Milliarden von Menschen! Nie wieder wird es jemanden mit Ihrer Identität und Ihren Erfahrungen geben! Sie sind Zeitzeuge einer unwiederbringlichen Epoche! Von daher ist Ihre Lebensgeschichte einmalig und sollte für die Nachwelt festgehalten werden! Heutzutage müssen Sie kein Prominenter mehr sein, um Ihre Biografie zu veröffentlichen. Als Christ haben Sie außerdem einen Botschafter- Status, der Sie befähigt, Ihren Glauben anderen zu vermitteln! Warum beschenken Sie Ihre Lieben nicht mit Ihren eigenen biografischen Notizen?"

Diese Worte trafen voll in mein Herz, als wären sie eigens für mich geschrieben. Gleichzeitig empfand ich es als eine ermutigende Aufforderung, meinen Wunsch zu verwirklichen. Sofort nahm ich telefonischen Kontakt auf zu der **Christografin (christliche Biografin), Frau von Wrangel**, und gestand ihr in unserem Gespräch, dass der von ihr veröffentliche Beitrag für mich eine Gebetserhörung sei – sie empfand das Gleiche, denn ich war die erste, die auf diesen Artikel antwortete. Und so schrieb ich denn weiter und weiter....

Es bereitete mir große Freude, aber manchmal verließ mich

auch der Mut, wenn PC und/oder Programm immer mal wieder verrückt spielten. An dieser Stelle möchte ich Petra ein ganz herzliches "Dankeschön" sagen, die dann als "PC Expertin" die rettende Helferin spielte. Ein Dank geht auch an meinen Mann, der stets ein offenes Ohr und Herz für mein Schreiben hatte. Doch vor allem war es Gott, der mich ermutigte, den Faden immer wieder aufzunehmen. So, z. B. als mir Eberhard am 17. Juli 2009 ein kleines Kalenderblatt vorlegte, auf welchem Folgendes zu lesen war: Ich habe die Summe meiner Gotteserfahrungen in einer Art "Fortsetzungs-brief" an meine Enkel aufgeschrieben. Sophie Engelmann. Darunter stand der Bibeltext aus 5. Mose 4 Vers 9: <u>Hütet euch davor, etwas von dem, was ihr gesehen habt, zu vergessen! Erinnert euch euer Leben lang daran, und erzählt es euern Kindern und Enkeln weiter!</u> Und so möchte ich mit dem Schreiben dieses Buches viele Eltern, Großeltern und Paten motivieren, ihre Lebens- und Glaubensgeschichte aufzuschreiben. Ich glaube, es ist das Wertvollste, was wir als Vermächtnis hinterlassen können. Möge es für Schreiber und Leser zum Segen werden - das ist mein Herzenswunsch.

Waldbröl, im Frühjahr 2010

Klänge aus Musik und Natur

Es ist Montag, der 13. Februar 2006. Ich sitze hier oben in meinem Giebelstübchen, und während ich das Datum schreibe, wird mir bewusst, dass heute der Todestag von meinem Vater ist. Ein Zufall? Ich glaube nicht, denn rückblickend erkenne ich vieles, auch das Schwere, als Gottes Fügung. Papa las jeden Tag in der Bibel, er hatte allerdings manchmal das Problem, das Gelesene im familiären Zusammenleben umzusetzen. Aber sicher ist das für jeden Christen ein lebenslanger Lernprozess. Viele Jahre sang er ebenso wie Mama im Chor Thierseifen.

Beide hatten gute Stimmen, sie sang Alt, er Tenor. Auch an das Spielen auf seiner Zither erinnere ich mich sehr gerne. Dazu sang er viele alte Choräle, so dass ich manche davon schon früh auswendig konnte. Sicher trug das auch mit dazu bei, in mir die Liebe zur Musik und zum Gesang zu wecken. Dieses Zitherspiel mit Liedbegleitung schaffte immer so eine friedliche Atmosphäre. Ein Schifferklavier nannte Papa auch sein eigen, darauf musizierte er ebenfalls recht gut und gerne. Es befindet sich noch heute in unserem Haus. Leider weiß ich nicht, wo die Zither geblieben ist. Schade!

Was Papa besonders liebte, waren Frühwanderungen an schönen Sommertagen. Sonntagmorgens, wenn die ersten Vögel erwachten, zogen wir los, spazierten in den Wald und machten ein Picknick. Anschließend gingen wir an den Brölbach, der hinter unserem Haus floss und machten dort „Wassertreten". Das war einfach herrlich!

Sicher würde Papa sich über das Schreiben meiner Erinnerungen freuen, denn auch er brachte häufig seine Gedankengänge zu Papier, allerdings nur auf einzelnen Blättern, die wir nach seinem Tod irgendwo fanden. Wie gerne möchte ich ihn jetzt noch nach so manchem fragen, aber das ist leider nicht mehr möglich. Vielleicht könnte ich dann einige Dinge besser verstehen, die unsere Beziehung jahrzehntelang sehr belastet haben.

Die späte Aussöhnung mit dem Vater

Aber vor ein paar Jahren habe ich mich mit ihm völlig ausgesöhnt, worüber ich sehr glücklich bin. Das jedoch ist kein Zufall, sondern geschah während des Schreibens an diesem Buch, also viele Jahre nach Papas Tod. Ich sprach mit Mama über die Benachrichtigung meiner Geburt an Papa, die ihm während des Krieges übermittelt worden war. Sie erzählte mir, dass er sich ganz auf einen Sohn eingestellt hatte. Doch noch vor meiner Geburt schrieb mein Vater ihr in einem Brief: „Ich wünsche mir ja sehr einen Sohn, würde mich aber auch über eine kleine Tochter freuen, denn Mädchen hängen meistens sehr an ihrem Vater. "Als meine Mutter mir das erzählte, war es mir, als habe ich meinem Papa ins Herz gesehen. Das berührte mich so tief in meinem Innersten und ich erkannte in dem Moment all die vermisste Liebe – meine Tränen liefen ungewollt und unkontrollierbar über meine Wangen. Und ab diesem Zeitpunkt fühlte ich mich mit meinem Vater völlig ausgesöhnt. Sicher würde ich heute mit manchem anders umgehen, denn er selber hat unter seinem unbeherrschten Wesen oft gelitten. Persönlich hat er das nie zugegeben, aber einen Tag vor seinem Tod äußerte er sich diesbezüglich der Mama gegenüber insofern, dass er das, was er Eberhard und seiner Tochter angetan habe, wohl nie wiedergutmachen könne.

Abschied von meinem Vater

Papas Lieblingsbeschäftigung in seinem Ruhestand war die Pflege des Thierseifener Friedhofs. Dort traf er immer Menschen, denen er behilflich sein konnte. Das erfüllte ihn mit großer Zufriedenheit und ebenso die Gespräche, die sich dadurch ergaben, denn er war ein sehr geselliger Mensch. Als es ihm schon nicht mehr gut ging, machte er mit Mama einen langen Spaziergang auf dem Friedhof. Er sah sich seine Wirkungsstätte noch einmal genau an, warf einen letzten Blick darauf und meinte, es sei ja alles in bester Ordnung. Dieser Friedhof war für ihn wie ein großer geliebter Garten, den er pflegen und in dem er sich frei bewegen und selbstständig arbeiten konnte. Das empfand er für sich als Gottesgeschenk!

Am Dienstag, dem 13. Februar 1984, starb Papa innerhalb weniger Sekunden an den Folgen eines zweiten Herzinfarktes. Ich erinnere mich noch genau an seine letzten Monate. Sein unermüdlicher Tatendrang ließ merklich nach, was ihm sehr schwer fiel. Nachdem er im Mai 1970 aufgrund seines ersten Infarktes mit achtundfünfzig Jahren Frührentner geworden war, erlebte er noch viele aktive Jahre. Oft denke ich, dass es vielleicht die Glücklichsten seines Lebens waren. Denn er übernahm die Wartung und Pflege für unseren Friedhof in Thierseifen und machte das mit größter Hingabe. Endlich konnte er seiner eigentlichen Berufung nachgehen, Förster – das wäre der richtige Beruf für ihn gewesen – in der freien Natur arbeiten – ohne jeglichen Zwang. Selten habe ich ihn so gelöst gesehen wie damals, wenn er an einem schönen Sommermorgen zu einem zweiten Frühstück nach Hause kam. Dann war er bereits um sechs Uhr in der Frühe mit seinem Moped auf den Friedhof gefahren, um dort ganz alleine zu arbeiten, dem Gesang der Vögel zu lauschen oder die Frösche an der kleinen Wasserstelle zu beobachten. Einer von ihnen hatte es ihm besonders angetan, davon erzählte er oft. Daran erinnerte ich mich wieder, als ich später an seinem Grab öfter einen Frosch sah. An keiner anderen Grabstelle habe ich so etwas jemals gesehen. Zufall? Ich weiß es nicht.

Papas Herzbeschwerden wurden auch mittels Langzeit-EKG untersucht – stolz erklärte Papa einem Bekannten im Wartezimmer seines Arztes, er bräuchte nicht mit dem Bus nach Hause fahren, seine Tochter Monika hole ihn ab. Noch heute sehe ich ihn in seinem grünen Lodenmantel vor der Praxis auf mich warten. Ich bin froh, alles, was ich für ihn tun konnte, in Liebe getan zu haben. So fühle ich mich mit meinem Vater ausgesöhnt, auch wenn diesbezüglich kein klärendes Gespräch zwischen Vater und Tochter stattfand. Dieses war in der damaligen Zeit leider in vielen Familien, wie auch in der unsrigen, nicht üblich – über Gefühle wurde einfach fast nie gesprochen.

Eine andere Begebenheit kurz vor seinem Tod waren die verstärkten Herzschmerzen, über die er bei mir klagte. Ich versuchte ihn damit zu trösten, dass das schreckliche stürmische und unruhige Wetter sicher daran schuld sei und mit dem kommenden Frühjahr wohl alles wieder besser würde. Er wehrte ab mit den Worten: „Nein, nein! Es heißt in der Bibel, Psalm 31 Vers 16: Meine Zeit steht in Deinen Händen" – er schien seinen baldigen Tod zu ahnen.

Einen Abend vor Papas Tod ging ich noch einmal hinunter in die elterliche Wohnung, wo meine Eltern gemeinsam am Tisch saßen. Ich bat die beiden, mich doch bitte sofort zu wecken, wenn Papa´s Gesundheitszustand sich verschlechtern sollte, – denn es gab nur bei uns oben ein Telefon. Als ich Gute Nacht wünschte, fiel mein Blick auf Papas Hände, die früher so stark und kräftig zupacken konnten und jetzt so dünn und weiß geworden waren – Krankenhände, dachte ich. Gegen 1 Uhr 30 hörte ich Mama rufen: „Monika, ich glaube, der Papa ist tot!" – und so war es. Während Mama für ihren durchgeschwitzten Mann im Bad ein Handtuch holen wollte, hatte Papa wohl den letzten Atemzug getan – wir alle konnten es nicht fassen. Mama und ich saßen bis zum frühen Morgen zusammen oben in unserem Wohnzimmer und redeten miteinander: Papa hätte schon einige Nächte extreme Herzbeschwerden gehabt – er hat doch tatsächlich Mama gegenüber geäußert. „Mariechen, der schwarze Mann ist wieder da." Papa hatte fast ständig in der Bibel gelesen. Dabei sei es sein Anliegen gewesen, das Ganze ihr, seiner Frau, laut vorzulesen.

Als wir von Papa, aufgebahrt in der Leichenhalle, Abschied nahmen, lag er wunderschön da, entspannt und friedlich wirkte er. Er hatte nun alles Kämpfen und Leiden überwunden und war zu seinem Herrn gegangen, an den er immer geglaubt hat. Ich wurde noch etliche Monate nach Papas Tod jede Nacht um 1 Uhr 30 wach – mir wurde dadurch bewusst, wie stark das Unterbewusstsein selbständig arbeitet.

Als Tochter weiß ich, dass meine Eltern ihren Glauben sehr ernst nahmen, aber die Fröhlichkeit, die daraus entstehen kann, fehlte sehr oft. Es gab auch keine intimen, familiären Gespräche über den Glauben, wie das zwischen Mama und Papa als Eheleute war, kann ich nicht beurteilen.

Mein Gottesbild war lange Zeit geprägt durch meinen Vater und andere Menschen in der Evangelisation als ein strenger und strafender Gott – der liebende und barmherzige Gott kam gar nicht vor. Ende der Fünfziger und Anfang der Sechziger Jahre habe ich für mich persönlich in einigen Nachbargemeinden solche Evangelisationen erlebt, die meine Ängste in Bezug auf diesen strafenden Gott noch verstärkten, obwohl sie für andere sehr wohl positive Werte vermitteln konnten. Vielleicht gerade deshalb habe ich bei meiner Konfirmation den für mich notwendigen und später so wichtigen Konfirmationsspruch bekommen: „Gott ist die Liebe, und wer in der Liebe bleibt, der bleibt in Gott und Gott in ihm" (1. Johannes 4, Vers 16b).

Eberhard und ich haben versucht, unsere Kinder im Glauben an Jesus Christus zu erziehen: wir brachten sie als Säuglinge zur Taufe und Christoph und Steffi besuchten den Kindergottesdienst und den Konfirmandenunterricht, Geschichten aus der Kinderbibel vorgelesen, Gebete vor den Mahlzeiten und vor dem Schlafengehen. Wir als Eltern- und Ehepaar versuchen ihnen ein christliches Miteinander in der Familie und in der Gemeinde vorzuleben – inwieweit uns das gelingt, wage ich nicht zu beurteilen, wir befehlen es in aller Demut Gott an.

Nach Papas Tod musste ich diese intimen Glaubensgespräche erst nach und nach lernen und habe diese dann im Zusammenleben mit meiner Mutter mehr und mehr praktiziert: Wovon das Herz voll ist, davon fließt der Mund über… - Dies ist ja auch der Grund für das Schreiben dieses Buches!

Was mein Vater an mich weitergegeben hat ist seine starke Naturverbundenheit, seine Hilfsbereitschaft, Zuverlässigkeit, Gastfreundschaft und sein großes Interesse an immer neuen Begegnungen und guten Gesprächen mit anderen Menschen.

Kindheit und Jugend

Papa wurde am 14. August 1912 in Bröl geboren und auf den Namen Werner Alfred getauft. Er war eines der fünf Kinder von Heinrich und Anna Mortsiefer, eine geborene Becker. Seine Brüder hießen Adolph und Hans, die Schwestern Grete und Adele. Sie wurden alle vom Vater sehr streng erzogen, denn die Mutter, eine ganz liebe und sanfte Frau, starb leider viel zu früh.

Mein Vater machte eine Ausbildung zum Sattlermeister und arbeitete bei der Lederwarenfabrik Barth in Waldbröl. 1937 lernte er seine zukünftige Frau, Maria Heckmann aus Wuppertal-Elberfeld, kennen. Zwei Jahre später begann dann der Zweite Weltkrieg. Papa wurde eingezogen und in Euskirchen als Kradmelder ausgebildet. Wie häufig hat er dem Tod ins Auge gesehen, wenn er mit seinem schweren Motorrad in Russland und Italien unterwegs war. Doch er war der festen Überzeugung, dass ihn die Gebete seines Großvaters, einem gläubigen und treuen Christen, immer vor dem Schlimmsten bewahrt hatten!

Im September 1941 heirateten meine Eltern. Für dieses Ereignis gab es jedoch nur einen kurzen Fronturlaub. Das junge Paar richtete sich im Haus von Papas Schwester Adele und Schwager Heinrich eine kleine Wohnung ein. In diesem über dreihundert Jahre alten behäbigen Bauernhaus, in dem wir die linke Hälfte des Doppelhauses bewohnten, verbrachte ich die ersten neuneinhalb Jahre meines Lebens. Es ist für mich immer noch der Inbegriff von totaler Geborgenheit.

Ein schwerer Start für die Familie

Ich wurde am 5. Januar 1943 geboren. Dazu reiste Mama nach Wuppertal-Elberfeld, um mich in der dortigen Landesfrauenklinik zur Welt zu bringen. Meine Mutter hatte noch acht Geschwister, von denen sie die Jüngste war. Die Tage bis zu ihrer Niederkunft verbrachte sie bei ihrer

Schwester Anna. Es herrschte Krieg, und ständig gab es Bombenalarm und Fliegerangriffe. Von daher musste sie mit mir mehrmals in den Keller des Hauses flüchten, noch bevor ich das Licht der Welt erblickte. Auch als ich gerade erst zwei Tage alt war, ertönten wieder einmal die Sirenen und sie flüchtete mit mir kleinem Wurm in das Kellergewölbe der Klinik.

Papa war seit September 1942 in Kiew an der Front, und die Nachricht von meiner Geburt erreichte ihn per „Feldpost." Er hatte sich einen Sohn gewünscht. Doch dann erhielt Mama einen Brief von ihm, worin stand, dass er sich auch über eine Tochter freue, weil Mädchen in der Regel anhänglicher und auf den Vater fixiert seien. Zu meiner Taufe, die im Frühjahr erfolgte, durfte mein Vater das erste Mal auf

Papa's erster Heimaturlaub

Heimaturlaub nach Wilkenroth kommen. Kurz darauf musste er erneut in den Krieg.

In den nächsten drei Jahren wohnten meine Mutter und ich allein in der oberen Etage des alten Fachwerkhauses. Im Erdgeschoss lebten Onkel Heinrich und Tante Adele mit Sohn Werner und Tochter Gisela. Vetter und Cousine wurden mir so lieb wie Geschwister, und zu Onkel Heinrich sagte ich genauso wie seine eigenen Kinder "Papa"! Tante Adele war ebenfalls eine herzensgute Frau. Dadurch erlebte ich – trotz der Kriegs- und Nachkriegszeit – eine behütete Kindheit. Außerdem hatte ich ja meine Mama ganz für mich.

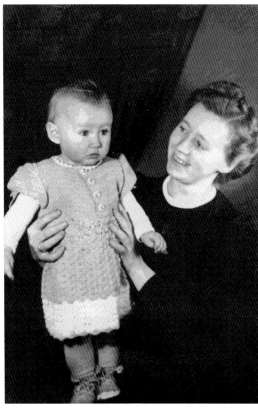

Monika mit Mama Herbst 1943

Denn Papa kehrte erst im Frühjahr 1946 aus der amerikanischen Gefangenschaft zurück. Wie alle anderen Soldaten war er vollkommen abgemagert und mit den Nerven völlig am Ende. Mir, einem dreijährigen Kleinkind, machte dieser fremde Mann Angst. Vielleicht betete ich deshalb auch in meinem Abendgebet regelmäßig: „Lieber Gott, schicke meinen Papa wieder nach Hause", obwohl dieser längst bei uns war! Seit seiner Heimkehr war eine ganz neue Ära angebrochen: Mama gehörte mir nicht mehr alleine, ich musste sie mit einem Kriegsheimkehrer teilen, der sich, bedingt durch seine traumatischen Erfahrungen, häufig sehr heftig und unkontrolliert verhielt.

Wenn ich das Ganze heute rückblickend aus Papas Perspektive betrachte, kann ich ihn gut verstehen. Nach all den schrecklichen Erlebnissen und Entbehrungen hatte er sich auf seine Frau und sein kleines Mädchen sehr gefreut. Doch ich akzeptierte ihn zunächst nicht als meinen Vater, sondern reagierte mit großer Scheu und Zurückhaltung. Wie enttäuschend muss das für ihn gewesen sein, wo er doch so viel Schweres hatte durchmachen müssen.

Der langersehnte Sohn

Am 26. Juni 1949 wurde mein Bruder Hans geboren und Mama marschierte hochschwanger in glühender Sommer-hitze auf die Brölerhütte, um dort bei ihrer Schwägerin Grete ihr zweites Kind zur Welt zu bringen. Denn in der damaligen Zeit wurden die meisten Babys noch zu Hause geboren. „Hansi", wie wir den Neuankömmling nannten, war ein richtiges Sonntagskind. Zu seiner Geburt erhielten Gisela und ich von einer alten Frau aus der Nachbarschaft zwei herrliche gelbe Teerosen, die für ihn gedacht waren. So machten wir uns am besagten Sonntagmorgen bei strahlendem Sonnenschein auf den Weg zu ihm, um voll freudiger Erwartung den neuen Erdenbürger in Augenschein zu nehmen und ihm die beiden Rosen auf die Decke seines Stubenwagens zu legen. Hansi war ein niedlicher kleiner Kerl und der lang ersehnte Stammhalter, worüber auch Opa Heinrich sehr glücklich war. Denn nach dem Tod seines Sohnes Hans, der im Krieg fiel, war dieser Enkel nun der einzige männliche Nachkomme – ein echter „Mortsiefer"!

Mama hätte ihren Sohn gerne Hans-Peter genannt. Doch daraus wurde nichts, weil ihr Schwiegervater zu Fuß nach Waldbröl auf das Amt spazierte und hinterher erklärte, er habe den Jungen dort auf den Namen „Hans" eintragen lassen: „Nichts dahinter und nichts davor und damit basta!" Aber wir hingen trotzdem ein „i" hintendran, woran selbst Opa nichts ändern konnte. Hansi war ein wichtiges Familien-mitglied, das von Papa sehr verwöhnt wurde. Er durfte sich Dinge erlauben, die für mich undenkbar waren. Mein kleiner Bruder durfte eine eigene Meinung haben und diese äußern, Widerworte geben und trotzig reagieren – Papa lachte nur darüber. Doch mit zunehmendem Alter meines Bruders änderte sich auch das! Aber die Liebe meiner Mutter zu mir wurde dadurch nicht geschmälert, waren wir doch seit unserer Zeit der Zweisamkeit sehr eng miteinander verbunden.

Monika mit dem kleinen Bruder Hans

Ich mochte meinen kleinen Bruder sehr gerne, nur wenn er mich im Gesicht kratzte, wurde ich richtig wütend. Als ich wieder einmal mit dicken Kratzern in die Schule kam, fragte mich meine Lehrerin, ob wir daheim junge Katzen hätten. Weil ich mich gegen Hansi körperlich nicht zur Wehr setzten durfte, sonst hätte ich es mit Papa zu tun bekommen, rächte ich mich auf andere Weise und erzählte ihm die Geschichte von einem kleinen Jungen, der sich im tiefen Schnee des Winterwaldes verirrte und nicht mehr heim fand. Wenn ich beim Erzählen die Worte sagte: „Es wurde dunkel, und er weinte sehr", fing Hansi stets zu schluchzen an. Deswegen dramatisierte ich das Ganze, so dass mein kleiner Kratzbär noch heftiger heulen musste, bis Mama mich eines Tages dabei erwischte...

Da es in den ersten Nachkriegsjahren kaum Arbeit gab, verdiente mein Vater sein Geld als Holzfäller in der Eifel. Seine Liebe galt allerdings immer schon dem Wald und den Bäumen. Damals fällte er sie noch, doch im Laufe seines späteren Lebens hatte er unendlich viele angepflanzt. Dies tat er aber nicht nur in seinem eigenen Lohheider Wäldchen, sondern auch in fremden Waldgebieten, weil deren Besitzer ihn darum gebeten hatten. Einige Jahre arbeitete Papa im Sägewerk eines Nachbarortes. Wenn ich mit meinem Fahrrad dorthin radelte, um ihm sein Mittagessen zu bringen, strahlte er immer über das ganze Gesicht. Ich glaube, er war stolz auf seine kleine Tochter. Später bekam er eine feste Anstellung in einer Papierfabrik, wo er Schichtdienst machen musste und bis zu seiner Rente blieb. Diese Tätigkeit hat ihm aber nie richtig zugesagt.

Unser Gehöft – ein Paradies auf Erden

Das uralte Wilkenrother Gehöft mit seinem Kuh- und Schweinestall, dem Heuschober und den Nebengebäuden war für uns Kinder das Paradies auf Erden. Darüber hinaus gab es noch die Wagenschuppen, den Hühnerstall, das Bienenhaus, die alte Schmiede und den Backes, ein kleines Backhaus, in dem sich ein aus Lehm gemauerter Backofen befand. All das bot uns unbegrenzte Spielmöglichkeiten. Wir hatten auch noch einen prächtigen Bauerngarten mit Gemüse, Beeren und Blumen sowie große Wiesen mit Apfel-, Birnen- und Kirschbäumen. Bis heute habe ich nie wieder solche herrlichen dunkelroten, knackigen Kirschen gegessen wie die Wilkenrother von damals. Dafür kletterte Werner extra auf den Baum oder er holte für uns Mädchen eine Leiter, damit wir uns selber welche pflücken konnten. Dann schmausten wir um die Wette, bis wir beinahe platzten. Hinterher bekamen wir meistens Bauchweh, doch die Erwachsenen hatten mit uns kein Mitleid. Im Gegenteil! In solchen Fällen pflegte

Monika (re) mit Cousine Gisela vor dem Bienenhaus

Tante Adele nur zu sagen: „Jo, jo, wat mußt ihr uch su vill Kierschen äßen!"

Bei uns wurde auch viel Obst eingekocht. So war es im Winter immer ein Genuss, wenn wir ein Glas aus dem Keller holen durften. Die getrockneten Apfel- und Birnenschnitzel ersetzten uns Kindern die fehlenden Süßigkeiten. Doch da es den anderen ähnlich erging, habe ich das niemals als besonders negativ empfunden. Die erste Schokolade, die ich bekam, ist mir jedoch bis heute in Erinnerung geblieben. Ich weiß noch genau, wie belgische Soldaten am Küchenfenster von Tante Adele erschienen. Als sie Gisela und mich – zwei kleine Mädchen mit blonden Zöpfen – erblickten, strahlten sie über das ganze Gesicht und schenkten uns Spitztüten aus dickem Papier, die mit brauner Schokolade gefüllt waren. Für uns eine bis dahin unbekannte Köstlichkeit!

Zur Belohnung erhielten sie von Tante Adele ein paar Kartoffeln und etwas Fleisch sowie frisches Gemüse aus dem Garten. Dass es uns an Geld mangelte, wurde mir eigentlich nur bewusst, wenn in Denklingen Kirmes war. Denn manchmal konnten Gisela und ich dort nicht hingehen, weil unsere Mütter dafür keinen einzigen Groschen mehr übrig hatten. Wie gerne hätten wir uns einen Luftballon oder den so heiß begehrten Porzellanhund gekauft, der damals der absolute Renner war. Irgendwann später holten wir das jedoch nach und kehrten voller Stolz mit je einem braunen Schäferhund im Arm nach Hause zurück.

Im heimischen Hühnerstall hielten wir uns gerne zum Eiersuchen auf. Dort herrschte immer eine so friedliche Atmosphäre, wenn das Federvieh leise vor sich hin gackernd auf der Stange saß; außerdem war es spannend zu sehen, wer von uns beiden die meisten Eier fand. Lästig sind dabei allerdings die Hühnerflöhe gewesen, die uns richtig piesackten. Eine Zeitlang gab es auch einen sehr aggressiven Hahn. Ich erinnere mich noch genau, wie er mir draußen auf der Wiese auf den Kopf sprang und heftig auf mich einpickte. Da stand ich hilflose kleine Maid und schrie wie am Spieß. Doch zum Glück griff Tante Adele beherzt ein, und der angriffslustige Gockel landete kurz darauf im Suppentopf.

Das über 300 Jahre alte Bauernhaus in Wilkenroth

Einmal im Jahr wurde auch ein Schwein geschlachtet. Das war für Gisela und für mich jedes Mal ein trauriger Tag, denn wir hatten es oft gefüttert und liebgewonnen. Doch für alle anderen war dieses Ereignis ein großes Fest. Wenn es so weit war, hielten Gisela und ich uns die Ohren zu und liefen schnell weg, damit wir das schreckliche Quieken nicht länger mit anhören mussten. Vorher wurde in der Waschküche, die sich gleich neben der Schmiede befand, noch ein großes Feuer angeheizt, über dem ein riesiger Kupferkessel hing. Darin brodelte dann später der Panhas, eine beim Schlachten aus Schweineblut, Buchweizenmehl und Schlachtresten hergestellte Köstlichkeit in Pastetenform. Noch heute eine Besonderheit in unseren Metzgereien zum knusprig braten in der Pfanne. Und es wurden am laufenden Band Blut- und Leberwürste gedreht. Diese fettige und schmierige Prozedur war nichts für zart besaitete Mädchen. Deshalb verzogen wir uns lieber ins Haus, um dort mit unseren Puppen zu spielen. Diese waren natürlich mit dem heutigen Spielzeug überhaupt nicht zu vergleichen, aber das tat unserer Liebe zu ihnen keinen Abbruch.

Einmal habe ich mir einen Spaß erlaubt und die Wilkenrother Kinder zum Narren gehalten, während ich mit meinem Puppenwagen durch den Ort stolzierte. Anstelle der Puppe lag nämlich Peter, unser alter Kater, in der Karre, der zufrieden vor sich hin schnurrte. Ich hatte ihm eine Babymütze aufgesetzt, ihn auf den Rücken gelegt und seine Pfoten brav auf der Decke platziert. Aufgrund seines hohen Alters war er bereits ein wenig träge und genoss diese Ausfahrt ganz offensichtlich. Die neugierigen Blicke der anderen störten ihn nicht im Geringsten.

Einige Jahre später bekam ich dann eine neue und wunderhübsche Puppe, die rabenschwarze Haare, dicke Zöpfe und herrliche blaue Augen hatte. Ich nannte sie Sonja wie das gutaussehende Mädchen aus dem Nachbarhaus, dem sie so ähnlich sah.

Meine Freundin Heidelore

Ein anderes Mädchen, das ich bisher überhaupt noch nicht erwähnt habe, hieß Heidelore und war meine beste Freundin, Spielgefährtin und Schulkameradin. Wir waren unzertrennlich und haben gemeinsam viel Schönes erlebt. Ganz besonders gerne erinnere ich mich daran, wie wir im Frühjahr unsere Büchsen im Bach schwimmen ließen. In Gummistiefeln und mit je einer leeren Konservendose in der Hand, stapften wir zu dem kleinen Bächlein, das durch Wilkenroth floss. Dort setzten wir unsere Blechbüchsen aufs Wasser und liefen am Ufer entlang, um zu sehen, welche von beiden schneller war. Wenn sie irgendwo feststeckten, stocherten wir mit Stöcken solange im Bach herum, bis sie weiterschwammen. In Bröl angekommen, verfolgten wir unsere Blechboote bis unter die Brücke. Manchmal liefen wir in unserer Begeisterung fast bis nach Niederbröl. Der Rückweg war weniger spannend, aber wir hatten uns immer etwas zu erzählen und nie Langeweile. Darüber vergaßen wir häufig die Uhrzeit, sehr zum Leidwesen unserer Mütter. Dasselbe passierte uns hin und wieder auch auf dem Schulweg, sehr zum Leidwesen unserer Lehrerin. Aber Heidelore und ich fanden unterwegs so viele herrliche Blumen, die wir unbedingt pflücken mussten. Anschließend kamen wir dann mit dicken Sträußen von Sumpfdotterblumen, Wiesenschaumkraut, Vergissmeinnicht oder Gänseblümchen in der Thierseifener Schule an und überreichten sie mit geröteten Wangen unserer geliebten Lehrerin, Frau Pack, als Zeichen unserer Zuneigung. Diese nahm lächelnd unsere Blumenpracht entgegen und steckte sie in die Vasen auf ihrem Pult. Dann rügte sie uns mit schelmischem Augenzwinkern und meinte, der Unterricht hätte eigentlich schon vor einer halben Stunde begonnen ... Damals gab es in unserer alten Thierseifener Schule nur einen Raum für acht Schulklassen.

Krabbeltiere, Kästchenhüpfen und Kartoffelfeld, (Klus und Köppchen)

Der Mai war ein besonderer Monat für uns, denn da wimmelte es nur so von Maikäfern, die wir unbedingt einsammeln mussten. Also hoben wir die leeren Tüten von unseren Frühstücksbroten auf und machten nach Schulschluss einen Umweg durch den Stirzenacker, ein nahegelegenes Waldgebiet. Dort rüttelten wir so lange an den Zweigen der dicken Eichen, bis die braunschwarzen Insekten wie reife Früchte vom Baum herunter purzelten. Unsere Beute steckten wir in die mitgebrachten Tüten und wetteiferten darum, wer die meisten Krabbeltiere hatte. Zu Hause wurden die armen Käfer dann als Leckerbissen an die Hühner verfüttert, die sie in Windeseile verputzten.

Einige Schulkameraden zeigten nicht gerade ein feines Benehmen, wenn sie sich beim Feuerwehrhäuschen in Reih und Glied nebeneinander am Brückengeländer aufstellten und in den Brölbach pinkelten. Natürlich ging es nur darum, wer den weitesten Strahl hatte. Womit wieder einmal deutlich wird, dass männliche Wesen, sind sie auch noch so klein, ständig miteinander konkurrieren müssen.

Im ersten Schuljahr hatte ich einen Verehrer namens Hartmut, der ein richtiger kleiner Kavalier war. Stets half er mir in die Jacke oder den Mantel und beschützte mich, wo er nur konnte. Wenn wir im Sommer in Freischlägers Gartenpavillon Hochzeit feierten, war ich oftmals die verschleierte Braut und hatte eine Gardine über den Kopf gezogen, während er den Bräutigam spielte. Die anderen Kinder aus dem Ort stellten die Hochzeitsgesellschaft dar. Dann zogen wir gemeinsam durch Wilkenroth. Eine Zeitlang war auch das Glanzbildertauschen in Mode, am liebsten aber spielten wir mit dem Ball, sogar bei Regenwetter. Dann stellten wir uns bei der Scheune meiner Freundin Heidelore unter das sogenannte Schauerdach und übten Kniedurchfall sowie Kopf- und Brustdurchfall. Das "Kästchenhüpfen" war ebenfalls ein begehrtes Spiel. Dazu brauchten wir nur einen Stein, mit dem wir uns Kästchen auf die Straße malten, und schon ging es los. Unser Motto lautete: „Zieh nun hoch das eine Bein, mit dem andern spring ins Kästchen rein!"

Im Sommer war vor allem "Die Klus", auch Strandbad genannt, für uns ein großer Anziehungspunkt. Hier gab es zwar keinen Sandstrand, dafür aber ringsherum Liegewiesen. Im Nichtschwimmerbecken konnte man noch gut stehen. Gleich daneben war das „Tiefe" wie wir es nannten. Der Sprungturm hatte drei Sprungbretter, die in unterschiedlicher Höhe – ein, drei und fünf Meter – angebracht waren. Ganz hinten auf dem Platz befand sich ein winziges Plansch-becken, in dessen unmittelbarer Reichweite sogar ein Kinderkarussell aufgebaut worden war, welches nun seit einigen Jahren auf dem Spielplatz in Wilkenroth steht. Es erweckt in mir jedes Mal nostalgische Gefühle, wenn ich es betrachte.

Bevor wir in "Die Klus" loszogen, schmierten unsere Mamas Unmengen von Butterbroten, weil uns das Schwimmen meistens sehr hungrig machte. Neben unserem Proviant erhielten wir noch zehn Pfennig für die Eintrittskarte und zwanzig für ein Eis. Die Umkleidekabinen waren Holz-baracken, in denen es stark nach Schweiß roch. Deswegen beeilte ich mich immer und sah zu, dass ich möglichst schnell ins Wasser kam.

Das Schwimmen lernte ich mit sieben oder acht Jahren. Davor hatte ich selbstgenähte Schwimmflügel aus weißem Leinen benutzt, die sich im Wasser aufbliesen. Doch in das "Tiefe" hätten wir uns damit nicht gewagt. Wieder einmal war ich im Becken, und meine ältere Cousine Inge aus Wuppertal hatte es sich in den Kopf gesetzt, mir an diesem Tag das Schwimmen beizubringen: Zuerst hielt sie mich unter der Brust noch etwas fest, doch auf einmal ließ sie los. Nachdem ich eine gehörige Portion Wasser geschluckt hatte, konnte ich ohne fremde Hilfe schwimmen.

Das Kühe hüten bereitete Gisela und mir weniger Freude. Die Wiesen waren nicht eingezäunt. Deshalb mussten wir gut auf Ella und Lottchen achtgeben, damit sie uns nicht abhauten und auf fremden Grundstücken weideten. Währenddessen vertrieben wir uns die Zeit mit Lesen und Handarbeiten.

Die Heuernte war jedoch immer ein wichtiges und aufregendes Ereignis. Stolz thronten wir beiden Mädchen dann auf dem hochbeladenen Heuwagen. Die holprige Fahrt führte vom Herberg durch das Fuchsloch, und bergab ging es durch einige scharfe Kurven. Ella und Lottchen, die vor den Wagen gespannt waren, schlotterten die Euter, während Onkel Heinrich tüchtig an der Bremse kurbelte. Tante Adele geriet jedes Mal in helle Aufregung, und meinte, dass wir Gören doch bloß von diesem wackeligen Wagen herunterkommen sollten. Aber für uns war das Ganze ein Riesenspaß.

Wenig Spaß hatten wir allerdings, wenn wir im Anschluss daran auf dem Heuschober das Heu fest trampeln mussten, damit dort eine möglichst große Menge gelagert werden konnte: Wir schwitzten erbärmlich, und die am Körper klebenden Heurückstände verursachen einen starken Juckreiz. Aber wenn endlich alles geschafft war, wurde das große „Bade-Remmidemmi" veranstaltet. Zwar besaßen wir kein eigenes Badezimmer, dafür aber eine Zinkwanne in der Waschküche. Nachdem das angeheizte Wasser warm genug war, wurden wir Mädels in diese Wanne gesetzt, was Gisela und ich auch ausgesprochen genossen, es war immer wieder ein unvergleichliches Vergnügen für uns beide! Nachdem wir anschließend noch lecker zu Abend gegessen hatten, plumpsten wir müde, aber zufrieden in unser gemütliches altes Bauernbett, das wir uns teilten und unter dem immer ein Nachttöpfchen bereit stand. Denn im Haus gab es keine Toilette, nur ein Plumpsklo hinter dem Kuhstall. Um an dieses stille Örtchen zu gelangen, musste man schon einen ziemlichen Weg auf sich nehmen, was im Winter nicht gerade angenehm war.

Ich erinnere mich auch noch sehr gut an den alten Kastanienbaum, der seitlich vor Onkel Heinrichs Schmiede stand. Wenn im Herbst das Laub abfiel, tobten wir mit dem größten Vergnügen in den bunten Blätterhaufen und bauten uns Wohnungen für unsere Puppen.

Ein unvergessliches Ereignis war auch die Kartoffel- und Apfelernte. Dafür wurden die Kühe wieder eingespannt und mussten den „Erpelshooch", ein Kartoffelfurchengerät, ziehen. Mit diesem Gefährt wurden die Kartoffeln aus der Erde ans Tageslicht befördert und konnten vom Acker aufgelesen werden. Gisela und ich hatten in unserem Alter von vier und fünf Jahren noch nicht allzu viel Ausdauer. Nach einer Weile zogen wir es vor, im angrenzenden Tannenwald mit unseren Puppen zu spielen. Zur Kaffeepause im Kartoffelfeld waren wir jedoch wieder pünktlich zur Stelle. Dort schmausten wir dann gemeinsam frischgebackenen Hefekuchen und leckere Butterbrote und manchmal hatte Tante Adele sogar köstliche Waffeln gebacken.

Die Apfelernte bedeutete für Onkel Heinrich eine schöne, aber auch sehr arbeitsintensive Zeit im Herbst, die er mit großer Hingabe betrieb. Nach tagelangem Pflücken wurden die verschiedenen Äpfel sortiert und in den hohen Regalen im kalten Gewölbekeller gelagert. „Jakob Lebel" hieß der Apfel mit der fettigen Schale, der immer als Erstes gegessen werden musste, weil er sich nicht so lange hielt. Dann kamen der „Doppelte Luxemburger" und der „Rote Stern" an die Reihe. Sie wurden zu Weihnachten blank poliert und glänzten wie leuchtend rote Kugeln auf dem Weihnachtsteller.

Es gab aber noch viel mehr Apfelsorten. Auch Birnen wurden reichlich geerntet, besonders lecker schmeckte die „Gute Luise". Ich ging gerne in den Apfelkeller, dessen intensiven Geruch ich noch heute in der Nase habe. Die Kartoffeln lagerten im Keller nebenan. Mit ihnen verbinde ich ganz bestimmte Eindrücke, die zeigen, dass ich mich sehr weit zurückerinnern kann: Denn als ich knapp drei Jahre alt war, gab es wieder einmal Fliegeralarm, und wir sollten schleunigst in den Keller gehen. Wie immer wollte Mama zuerst einmal abwarten, weil sie nicht überängstlich war, aber auf Tante Adeles Drängen hin rannten wir schließlich doch die Kellertreppe hinunter. Dort hatte man uns Kindern in einer großen Kiste ein gemütliches Bett zurechtgemacht, was ich ganz toll und abenteuerlich fand.

Im Keller lagerten auch die Runkelrüben, aus denen wir uns prachtvolle Martinslaternen schnitzten. Damit begann für mich jedes Mal die Vorweihnachtszeit, zumal wir dann auch wieder nach oben in unsere eigene Küche zogen, nachdem wir den Sommer über Tante Adeles Küche benutzt hatten. So konnte Mama kochen und den Haushalt versorgen, während meine Tante mit aufs Feld ging.

Im Wilkenrother Winter brannte im Küchenofen stets ein warmes Feuer. Wenn Gisela und ich völlig verfroren nach Hause kamen, setzen wir uns ganz dicht davor und wärmten uns erst einmal auf. Manchmal fiel im November bereits so viel Schnee, dass wir Schlitten fahren konnten. Dann zogen alle Kinder mit ihren Schlitten auf das „Köppchen", heute Kirchblick genannt, und ab ging die Fahrt bis weit hinunter in den Ort. Autos fuhren, wenn überhaupt, so selten, dass wir diese Rutschpartien ungestört genießen konnten. Wenn es dunkel wurde, kamen die Größeren dazu. Dann wurden unsere Schlitten aneinander gebunden, und einer der Jungen übernahm das Lenken. Was war das für ein Gejohle, vor allem dann, wenn unser Steuermann in den Graben fuhr und wir alle durcheinander purzelten. Halb durchnässt kamen wir anschließend nach Hause, aber das war uns der Spaß schon wert.

Tante Marta

Wie herrlich ist doch diese Winter- und Weihnachtszeit im alten Wilkenrother Bauernhaus gewesen. Da wurden in großen Mengen Plätzchen gebacken, und es duftete in sämtlichen Räumen. Mama und Tante Adele strickten, häkelten, bastelten oder nähten mit großem Eifer, wenn wir abends im Bett lagen. Denn wir besaßen fast nur handgemachte Babypuppen, deren Köpfe aus angefeuchtetem zusammengepresstem Papier bestanden, auf welchem dann die Gesichter gemalt wurden. Körper, Arme und Beine waren mit Lumpen ausgestopft. Als ich einmal von meiner Tante Marta eine Babypuppe mit einem echten Porzellankopf geschenkt bekam, war das für alle Wilkenrother Kinder die Attraktion!

Wenn ich dann mit meiner neuen Errungenschaft im Puppenwagen spazieren ging, erntete ich stets neugierige, bewundernde oder auch neidische Blicke. Dass ich dieses wunderbare Spielzeug überhaupt bekommen habe, ist eine ganz besondere Geschichte: Tante Marta war Mamas ledige

Schwester und meine Lieblingstante. Sie hatte eines Tages eine goldene Uhr gefunden und sie ins Fundbüro gebracht. Nachdem sich dort jedoch niemand gemeldet hatte, tauschte sie die Uhr gegen besagte Puppe ein – als Geschenk für mich, ihre Lieblingsnichte. Anschließend fuhr sie mit dem Zug von Wuppertal nach Denklingen, um mit uns in Wilkenroth Weihnachten zu feiern. Meistens blieb sie bis zu meinem Geburtstag, um mich mit noch weiteren Geschenken, hauptsächlich Büchern, zu überraschen. Da ich eine richtige Leseratte war, bekam ich einmal sogar dreizehn Bücher geschenkt. An Tante Marta denke ich mit großer Dankbarkeit und Zuneigung!

Ein Leben lang hat sie mir ihre ganze Liebe gegeben, nicht nur als Kind, sondern auch später, als ich schon längst eine erwachsene Frau und Mutter war. Nachdem sie in Rente gegangen war, besorgte ich ihr eine Wohnung in Bröl. Von daher sahen wir uns häufig, und ich konnte sie auch in ihrer letzten Lebensphase begleiten, als sie schon sehr krank war. Einige Stunden vor ihrem plötzlichen Tod im Waldbröler Krankenhaus habe ich noch bei ihr gesessen, während sie die frischen Erdbeeren aß, die ich ihr mitgebracht hatte. In der darauffolgenden Nacht erreichte uns dann völlig unerwartet die Nachricht, dass sie soeben verstorben sei. Ich bin die Letzte gewesen, die mit ihr gesprochen hat. Tante Marta war eine stille und treue Christin. Ich hoffe, sie in der Ewigkeit wiederzusehen!

Weihnachten

Kurz vor dem Weihnachtsfest überkam Tante Adele meistens der Drang, irgendein Zimmer neu zu tapezieren, was natürlich ein hektisches Durcheinander verursachte. Doch immer wurde sie rechtzeitig fertig. Die Bescherung fand stets am ersten Weihnachtstag frühmorgens statt.

In der Nacht davor konnten Gisela und ich vor Aufregung kaum schlafen. Und dann kam der große Moment, an dem wir endlich das Weihnachtszimmer betreten konnten: Der Baum war herrlich geschmückt mit bunten Kugeln, silbernen Vögelchen, Lametta und allerlei Süßigkeiten, die wir aber erst nach und nach „plünderten". Was an keinem Weihnachten fehlen durfte, war ein wunderschön verziertes Knusper-häuschen. Wie viel Arbeit und Liebe steckten doch in all diesen Vorbereitungen. Es wurde gesungen, man packte Geschenke aus – Kinderglückseligkeit!

Am Nachmittag wanderten wir gemeinsam in das Thierseifener Vereinshaus, wo die Weihnachtsfeier der Sonntagsschule stattfand. Dafür hatten wir Kinder lange geübt – Gedichte auswendig gelernt und Lieder einstudiert. Einmal sollte ich auf dem Harmonium das Lied begleiten: "Kommet ihr Hirten, ihr Männer und Frauen".

Ich war sehr aufgeregt und mir passierte Folgendes: An meinem linken Knie hatte ich eine tiefe Wunde, die noch nicht ganz verheilt war. Als ich nach vorne gehen wollte, stieß ich mich so unglücklich an einer spitzen Bankkante, dass die Narbe wieder aufriss und stark blutete. Da ich jedoch dicke Strickstrümpfe aus rauer Schafwolle trug, sogen diese das Blut sofort auf. Trotz heftiger Schmerzen spielte ich tapfer mein Lied zu Ende. Erst am Abend, als der angetrocknete Strumpf von der wunden Stelle gelöst werden musste, ließ ich meinen Tränen freien Lauf.

Den zweiten Weihnachtstag habe ich ebenfalls in bester Erinnerung. Dann kamen nämlich die Bröler nach Wilkenroth: Opa Heinrich, Oma Anna, Tante Grete und Cousine Annegret waren zum Kaffee und Abendessen eingeladen. Zwischen den Mahlzeiten spielte unser Onkel Heinrich die alten, vertrauten Weihnachtslieder, zu denen wir alle fröhlich sangen. Sicher wurde auch damit auch ein Grundstein gelegt für meine Freude an der Musik sowie dem Gesang. Denn jeden Abend sang ich in meinem Bett vor dem Einschlafen. Mama sagte später einmal, dass sie manchmal gedacht habe, wann ich wohl endlich müde werden würde?

Wenn der Winter zu Ende ging und das Frühjahr kam, flossen oft die Tränen, worüber man heute nur lächeln kann, weil alle anderen Kinder bei den ersten Sonnenstrahlen bereits Kniestrümpfe oder Söckchen tragen durften, nur Gisela und ich noch nicht. Da hieß es immer kategorisch: „Nein, sonst kriegt ihr es an der Blase!"

Riebewatz und frischer Honig

Das Backen im alten Backes, den wir von unserem Küchenfenster aus genau im Blickfeld hatten, war ohne Zweifel eine weitere Attraktion für die Dorfbewohner. Nachdem dieser tüchtig eingeheizt war, erschienen dort viele von ihnen, um sich ihr Brot zu backen. Wenn sie damit fertig waren, kamen die Plaaten mit dem Hefekuchen dran, und zuletzt wurde noch ein „Riebewatz", eine oberbergische Spezialität in den Ofen geschoben. Ein herrliches "Etwas" aus rohen und gekochten Kartoffeln, Eiern und Salz, sehr lange in einer Kastenform gebacken und danach scheibenweise in Butter in der Pfanne knusprig gebraten.

Stundenlang umwehten herrliche Düfte das Haus und steigerten unseren Appetit ins Unermessliche. Eine Köstlichkeit war auch der selbst geschleuderte Honig von Onkel Heinrich, zu dessen Liebhabereien die Bienenzucht gehörte. Er hatte mehrere Bienenvölker und meistens eine ausgezeichnete Honigernte. Wenn er gesetzten Schrittes vorschriftsmäßig vermummt in das Bienenhaus marschierte, wussten wir Kinder, dass es bald frischen Honig geben würde. Dann wurde die Schleuder aufgestellt und die Waben dort hineingelegt. Einer von uns musste die Handkurbel bedienen, und gleich darauf floss unten ein dünner goldener Honigstrahl heraus. Gisela und ich waren immer die Ersten, die ihre Löffelchen darunter hielten, um diese süße Köstlichkeit zu probieren.

Mit der Dampflok nach Wuppertal-Elberfeld

In der Nachkriegszeit hatten wir auf dem Lande immer genug zu essen, während in den Großstädten unzählige Menschen hungerten. Viele dieser abgemagerten und ausgehungerten Städter unternahmen "Hamstertouren" in die Dörfer – so auch nach Wilkenroth. Sie baten um ein wenig Kartoffeln, Brot, Speck oder Gemüse. An einen diesbezüglichen Tauschhandel kann ich mich aufgrund meines Alters nicht bewusst erinnern, doch diesen gab es sicherlich wie allerorts sonst auch in dieser Zeit:

Wer bei Tante Adele, der guten Seele, hamsterte und an ihre Tür klopfte, ging nie mit leeren Händen weiter. Wir lebten ja hauptsächlich von landwirtschaftlichen Erträgen und waren Selbstversorger. In einer Großfamilie wie der unseren musste jeder fleißig mithelfen, selbst wir Kinder. So sammelten wir im Wald trockenes Holz, damit Mama im Küchenofen ein knisterndes Feuer entfachen konnte, denn im Schlafraum sowie auch in unserem Mädchenzimmer gab es keinerlei Heizmöglichkeiten.

In besonders strengen Wintern war es drinnen manchmal so kalt, dass uns das Wasser im Glas gefror. Dann krochen Gisela und ich in das große breite Bett, in dem schon ein vorgewärmter Ziegelstein lag. Und wenn wir nicht zu müde waren, unterhielten wir uns über unser Lieblingsthema- WUPPERTAL!

Einmal im Jahr fuhren wir alleine dorthin, um Verwandte zu besuchen und den Duft der großen weiten Welt zu schnuppern. Tante Laura, Mamas Schwester, wohnte mit Ehemann Hans, der mein Patenonkel war, in Elberfeld, Exerzierplatz 24.

Dies war für uns eine Adresse, die dem Himmelreich gleichkam! Die Freude begann bereits beim Kofferpacken. Die Nacht vor der großen Reise verbrachten wir in der Regel sehr unruhig.

Zum Frühstücken waren wir viel zu aufgeregt; sobald wir jedoch unterwegs waren, wickelten wir unsere Butterbrote meistens schon an der nächsten Station aus, die Brüchermühle hieß.

Aber zuvor liefen wir mit Mama und unseren Köfferchen nach Denklingen zum Bahnhof. Wenn dann endlich die schnaufende Dampflok mit ihren Waggons am Bahnsteig eintraf, verabschiedeten wir uns rasch von meiner Mutter und suchten uns im Abteil zwei Fensterplätze. Der Schaffner gab das Signal zur Abfahrt, und los ging die Fahrt. Vor jedem Halt stieß die schwarze Lokomotive einen lauten Pfeifton aus und dicke, schwarze Dampfwolken stiegen auf. Wir hielten zwar in jedem Nest, doch das störte uns nicht im Geringsten.

Bei der Ansage Barmen bzw. Unterbarmen", hoben wir unsere Köfferchen aus dem Gepäcknetz. Gleich darauf erblickten wir das vertraute Stationsschild und hörten den Schaffner "Elberfeld" rufen! Dann fielen wir Onkel Hans, der uns bereits entdeckt hatte, jubelnd in die Arme. Als Erstes ging er mit uns freudestrahlend zum Bahnhofskiosk, an dem es einige für uns unbekannte Dinge wie zum Beispiel Bananen zu kaufen gab. Als ich sie zum ersten Mal probierte, rief ich empört: „Pfui, die schmecken ja wie faule Birnen!" Dafür mundeten sie Gisela umso besser, und Onkel Hans war erleichtert. Als Nächstes stiegen wir in die Straßenbahn, das letzte Stück der Wegstrecke mussten wir jedoch zu Fuß zurücklegen und einen steilen Berghang hinaufgehen. Wenig später hatten wir dann die evangelische Kirche erreicht, in der Onkel Hans und Tante Laura als Küsterleute angestellt waren. Nachdem wir an ihrer Wohnungstür geschellt hatten, erschien das liebe Gesicht unserer Tante im oberen Fenster. Gleichzeitig begrüßte sie uns mit einem lauten Freudenschrei – jetzt waren wir endgültig angekommen!

Nun ging es durch einen kalten Flur und ein sehr hohes Treppenhaus in das erste Stockwerk hinauf, wo Tante Laura uns herzlich in Empfang nahm und ihre Mädels liebevoll an den kräftigen Busen drückte. In der Küche war der Tisch schon mit allerlei Leckerbissen gedeckt. Während wir aßen, mussten wir von daheim erzählen. Geschlafen wurde im Zimmer, das meine ältere Cousine Anneliese bewohnte. Sie war Kindergärtnerin und nahm uns vormittags mit in ihren Kindergarten. Das war für uns etwas ganz Neues, was wir überhaupt nicht kannten und toll fanden. Beim Einkaufen stellte Tante Laura uns ihren Bekannten vor und sagte mit strahlendem Gesicht: „Das sind meine Nichten aus Waldbröl!" Zu unserer großen Überraschung bekamen wir überall – in der Drogerie, der Metzgerei oder beim Bäcker – stets eine Kleinigkeit geschenkt. Was mich damals als kleines Mädchen aber am meisten beeindruckt hatte, war die große

Hochachtung, mit der die Menschen meiner Tante begegneten.

Wenn wir alleine in die Stadt loszogen, um einzukaufen, erfüllte sich das, wovon wir zuvor monatelang in unserem Bauernbett geredet und geträumt hatten. Meistens bekamen wir von zu Hause fünfzehn Mark mit, für deren Verwendungszweck wir bereits lange Wunschlisten erstellt hatten: Obenan standen immer Obst und Eis, dann folgten die bei uns so selten vorhandenen Süßigkeiten, wobei Pfefferminzbruch mit Schokolade, der absolute Favorit war. Auf meinem Zettel hatte ich meistens noch einen Fingerring notiert sowie Geschenke für Eltern und Geschwister etc. Für den ersehnten Ring lief ich auch gerne mehrmals in die Stadt, wobei mich die treue Gisela natürlich begleitete. Anschließend kehrten wir mit müden Beinen, aber zufriedenen Gesichtern wieder heim. Onkel und Tante empfingen uns mit erwartungsvollen Mienen. Denn nun erfolgte der obligatorische Kassensturz, über den sich die beiden immer köstlich amüsierten. Jeder von uns schüttete seine restlichen Geldstücke auf den Tisch, und anhand der Ausgaben wurde nachgeprüft, ob auch alles seine Richtigkeit hatte. Stimmte unsere Rechnung, konnten wir beruhigt zu Mittag essen.

Einmal machten Anneliese und ihre beiden Brüder mit uns sogar einen Besuch im „Thalia Theater". Da ich klein und schmächtig war mit dünnen blonden Zöpfen, wollte man mich etwas herausputzen. So bekam ich von Anneliese ein Kleid geliehen, was mir viel zu lang war und mit einem Gürtel verkürzt werden musste, damit es nicht zu sehr unter meinem Kindermäntelchen herausragte. An der Garderobe gab ich meinen Mantel ab und bin dann doch in „Lang" gegangen. Wir sahen den Film mit Heinz Rühmann: "Keine Angst vor großen Tieren", den ich ganz toll fand! Es war mein erster Kinobesuch!

Auch der erste Hallenbadbesuch fand in Wuppertal statt. Des Weiteren stand „Spatmanns Knubbeleis" auf unserem Tagesprogramm. Für diese kalte Köstlichkeit nahmen wir stets einen weiten Weg und eine lange Warteschlange auf uns, so groß war der Andrang. Auf dem Rückweg deckten wir uns meistens noch mit besagtem Pfefferminzbruch ein. Abends spielten wir mit Begeisterung Monopoly, was ebenfalls ein neues Spiel für uns war. Wenn Gisela und ich morgens aufwachten, hörten wir in der Ferne die Geräusche von Autos und Straßenbahnen. Auch war die Luft so ganz anders.

Hier in Wuppertal war überhaupt alles ganz anders als in Wilkenroth, was bei uns wahre Glücksgefühle auslöste. Vom Fenster aus schaute man auf einen großen Hof mit Sandkasten, in dem es sich wunderbar spielen ließ – eine modische Neuheit, die es bei uns noch nicht gab. In dieser Sandkiste spielte ich manchmal mit der Tochter eines Pfarrers. – Gertrud Höhler ist inzwischen eine renommierte Professorin. Gelegentlich sehe ich sie im Fernsehen und höre sie kluge Worte sprechen.

Im hintersten Winkel des großen Hauses ganz hoch oben unterm Dach hatte meine Tante Marta, ihr kleines Refugium. Um dorthin zu gelangen, musste man nicht nur das Wohnzimmer von Onkel und Tante durchqueren, sondern auch das Zimmer meiner beiden Vettern. Anschließend ging es eine steile Treppe hoch, die ich immer mit einer gewissen Vorfreude hinaufstieg. Denn Tante Marta hielt stets einige Überraschungen für uns parat, vor allem Fleischwurst oder kleine Siedewürstchen, auf die ich ganz scharf war. Und jedes Mal staunte sie, wie viel ich kleines, zierliches Mädchen davon verputzen konnte!

Sie besaß auch mehrere Spiele, die sie geduldig mit uns spielte. In späteren Jahren ist dann eine Arbeitskollegin zu ihr gezogen, die sie aus Mitleid bei sich aufgenommen hat. „Tante Milli", wie wir sie nannten, war eine winzige Person und körperlich behindert durch einen starken Buckel – aber trotzdem stets lustig und machte mit uns Kindern ihre Späße. Im Gegensatz zu ihr war Tante Marta, ihre Freundin, eher ernst und still. Aufgrund dessen gab es häufig Meinungs-verschiedenheiten und die beiden kabbelten sich - trotzdem bildeten sie ein gutes Gespann und ergänzten einander.

Gisela und ich verkleideten uns gerne. Denn hinter der Orgelempore gab es einen Raum, in dem Pakete mit Kleidungsstücken und Schuhen aus Amerika lagerten, die für bedürftige Menschen in der Gemeinde bestimmt waren. Tante Laura kannte genügend solcher Leute und verteilte diese Spenden gewissenhaft. Bevor dies jedoch geschah, durften wir Mädels zu unserem größten Vergnügen Modenschau spielen: Dann stakelten wir auf hochhackigen Pumps – unsere Mütter besaßen so etwas Neumodisches ja nicht – die steile Stiege zu Tante Marta und Tante Milli hinauf, wo wir jedes Mal mit einem begeisterten Applaus empfangen wurden. Die Kleider, Jacken, Mäntel und Hüte, die wir ihnen vorführten, waren wirklich sehr viel moderner als die damalige deutsche Mode.

Wie freuten wir uns, wenn während unseres Wuppertaler Aufenthaltes ein Brief von Tante Adele ankam, in dem ein Fünfmarkschein steckte, der unsere Kauflust steigerte, so dass wir wieder häufiger in die Stadt gingen. Für Gisela war es eine Selbstverständlichkeit, die Hälfte von diesem

Geldbetrag an mich abzutreten. Noch heute bin ich sehr dankbar und berührt, wenn ich daran denke.

Wenn dann der Tag unserer Abreise kam und wir von den Verwandten zum Bahnhof gebracht wurden, geschah dies meist mit einem lachenden und einem weinenden Auge. Einerseits waren wir traurig darüber, dass diese schöne Zeit, auf die wir uns so lange gefreut hatten, schon wieder vorbei war, andererseits freuten wir uns aber auch darauf, der Familie unsere Einkäufe zu zeigen und ihnen die Geschenke zu überreichen. Außerdem hatten wir ja unendlich viel zu erzählen.

Umzug nach Bröl

Anfang der 50er Jahre zogen wir von Wilkenroth nach Bröl – zwischen diesen beiden Orten lag eine Wahnsinnsentfernung von 1,5 Kilometern! Eine heile Welt brach zusammen, weil ich

Papa's Elternhaus mit Laden und Schuppen

Unsere Familie

alles, was mir lieb und vertraut war, nun plötzlich verlassen musste. Meine Mutter wurde ganz plötzlich zu einer Frau, die ein Geschäft unterhalten musste, das jede Minute ihres Tages beanspruchte. Und das waren lange Tage bis spät abends um 20 Uhr. Mamas Kundschaft kam, wenn es ihr gerade einfiel, tatsächlich auch sonn- und feiertags.

Dieser Wohnungswechsel erfolgte aus folgendem Grund: Opa Heinrich besaß seit vielen Jahren in Bröl an der Oberbrölstraße einen richtigen Tante-Emma-Laden, über dem in großer Schrift zu lesen war: Lebensmittel HEINRICH MORTSIEFER. Gemischtwaren. In diesem Geschäft hatte Opas erste Frau, Oma Anna, fleißig mitgearbeitet und war bei allen Menschen sehr beliebt gewesen; ich selbst habe sie leider nicht kennengelernt, da sie schon lange vor meiner Geburt gestorben war.

Nach ihrem viel zu frühen Tod heiratete Opa Heinrich ein zweites Mal, Oma Anna, eine ziemlich harte und außerdem

Geliebtes Wilkenroth

recht geizige Frau! Wenn sie uns Enkelkindern etwas schenkte, war es meist schon halb verdorben und nicht mehr im Laden zu verkaufen - aber sie konnte hervorragend kochen, bei ihr schmeckten mir sogar die Möhren köstlich, die mir ansonsten ein Gräuel waren wie jedes andere Gemüse auch.

Als Geschäftsfrau war Oma Anna aber weitaus weniger geeignet als ihre Vorgängerin und bei den Kunden überhaupt nicht beliebt. Unter ihrer Leitung ging der Umsatz dramatisch zurück, und der Laden war fast pleite, eine Tatsache, die Opa Heinrich sehr traurig stimmte. So wanderte er eines Tages schweren Herzens nach Wilkenroth und bat meine Eltern nach Bröl zu ziehen, um sein Geschäft zu übernehmen. Diese Entscheidung fiel uns nicht leicht, aber die Wohnung in Wilkenroth wurde allmählich zu klein und Onkel Heinrich und Tante Adele brauchten ebenfalls mehr Platz für ihre Familie.

Mama im Laden

Eine kleine Geschäftsfrau bekommt Hilfe

Also zogen wir nicht nur in ein anderes ungemütliches und kaltes Haus, sondern auch in einen anderen Ort, mit einer Atmosphäre ohne jegliche Geborgenheit. Mama stand nun von morgens bis abends im Laden und versuchte diesen wieder in Schwung zu bringen. Die Regale waren leer, die Lieferanten wollten nicht mehr liefern, und der Kundenstamm war sehr geschrumpft. Hinzu kam, dass Mama keine kaufmännische Ausbildung hatte und Papa woanders arbeitete. Doch mit der Zeit entwickelte sie sich zu einer ausgezeichneten Geschäftsfrau, der Käuferkreis wurde immer größer und der Umsatz stieg wieder an, so dass die vorhandenen Schulden abgetragen werden konnten.

Als Zehnjährige half ich mit so gut ich konnte, aber mein vierjähriger Bruder Hansi kam entschieden zu kurz, denn Mama hatte kaum Zeit für ihn. Ich war vormittags in der

Schule und half nachmittags im Laden aus oder fuhr mit Opa Heinrich zu Kunden in die Nachbarorte, was immer recht abenteuerlich war: Diese Fahrten unternahmen wir mit seinem Motorrad, einer kleinen NSU. Ich saß als Sozius hinter Opas Rücken und hatte jedes Mal ein wenig Angst, weil er nur noch mit einem Auge sehen konnte, das andere war nämlich aus Glas. Er hatte einen rasanten Fahrstil. Kein Schlagloch wurde ausgelassen, und ich hielt mich krampfhaft am Haltegriff fest. Opa Heinrich war so stolz auf seine Maschine, dass er allen Leuten erzählte, er müsse den Boxberg hinauf bremsen, sonst würde sie ihm zu schnell werden, was er auch wirklich selber glaubte! Nach einer freundlichen Begrüßung wurde erst einmal ausgiebig mit den Kunden „gestrongst", d. h. ausgiebig erzählt.

Anschließend musste ich mir sämtliche Bestellungen auf einem kleinen Block notieren. Dann ging es auf holprigen Pfaden wieder zurück nach Bröl, um die Aufträge so schnell wie möglich zu bearbeiten. Die Zusammenstellung der gewünschten Lebensmittel machte mir richtig Spaß: Mehl, Zucker, Salz, Haferflocken mussten abgewogen und in braune Spitztüten verpackt werden. Öl, Essig und Maggi wurden jeweils in Flaschen abgezapft. Des Weiteren war es meine Aufgabe, Senf, Rübenkraut, Heringe und saure Gurken in Gläser abzufüllen. Die Auslieferung der Ware erfolgte wiederum mit dem Motorrad. Da Opa den „Heimbs Kaffee" aus Braunschweig besonders gerne mochte und überall in der Region wortreich Reklame dafür machte, nannten ihn die Leute scherzhaft „Kaffeebohnen-Heinrich".

Jedes Jahr zum ersten Advent wurde das Schaufenster unseres Tante-Emma-Ladens mit leckeren Süßwaren dekoriert, die bereits im Sommer bestellt werden mussten. Am Montagmorgen drückten sich die Schulkinder dann an der

Fensterscheibe ihre kleinen Nasen platt. Ich glaube, dass das damalige recht bescheidene, aber liebevoll ausgestellte Warenangebot mehr bestaunt wurde, als die Berge von Süßigkeiten in den heutigen Supermärkten.

Viele der Kundinnen kauften dreimal am Tag, morgens, mittags und nachmittags, bei uns ein. Von daher wussten wir, welche Lebensmittel zu welchen Mahlzeiten in den Haushalten verputzt wurden. Doch nicht immer wurde bar bezahlt. Manche ließen ihre Einkäufe auch „anschreiben". Mir war es stets peinlich, wenn wir jemanden mündlich „mahnen" mussten.

Als ich zwölf Jahre alt war, führte ich das Geschäft sogar für ein paar Tage ganz alleine, weil Mamas ältester Bruder beim Bau seines neuen Hauses tödlich verunglückt war und sie nach Wuppertal zur Beerdigung fahren musste. Das bedeutete für mich: Früh aufstehen und das Holz aus dem Schuppen holen, um damit den kleinen Ofen zu heizen, bevor der erste Käufer den Laden betrat. Im Laufe des Tages erschienen dann die Vertreter, um von mir die neuesten Bestellungen für ihre Firmen entgegen zu nehmen. Auch mittags blieb das Geschäft geöffnet. Am Abend wurde zuerst die Kasse gemacht und danach der Laden gefegt. Im Anschluss daran musste ich für Papa, Hansi und mich dann noch das Abendessen kochen. Es gab zwar viel zu tun, aber ich war stolz darauf, alles so gut geschafft zu haben. Einmal sagte ein kleiner Junge beim Einkaufen zu seiner Mutter: „Die Monika ist aber ein fleißiges Mädchen!"

Der Samstag war immer ein besonderer Tag. Da wurden bei uns Backwaren bestellt, die ich dann von einer zwei Kilometer entfernten Bäckerei mit dem Fahrrad abholte. Auf dem Gepäckträger stapelten sich die Kartons, und an der Lenkstange baumelten rechts und links die prall gefüllten

Taschen. Auf diese Weise transportierte ich meine kostbare Fracht zunächst einmal heimwärts, um sie danach bei den betreffenden Kunden persönlich abzuliefern. Auf diesen Touren erhielt ich manchmal bis zu fünfzig Pfennig Trinkgeld, je nach Spendierfreudigkeit "meiner" jeweiligen Kundschaft!

An einem kalten Wintertag war es sehr glatt auf der Straße. Voll bepackt mit meiner schweren Ladung bog ich etwas zu forsch in eine Kurve ein – und plötzlich kullerten fünfzig frische Brötchen über die Straße. Geistesgegenwärtig sammelte ich sie schnell wieder ein, zum Glück kam in diesem Moment kein Auto. Die fuhren damals allerdings so selten, dass ich abends mit meiner Freundin auf der Oberbrölstraße ungestört Federball spielen konnte.

Diese winterlichen Fahrten in die Grötzenberger Bäckerei wurden später wesentlich leichter für mich, weil ein junger Mann namens Eberhard, der mit Papa befreundet war, mich in seiner himmelblauen Isetta dorthin kutschierte. Und das war der Beginn einer großen Liebe!

Eine junge Liebe wird auf eine schwere Probe gestellt

Meine Konfirmation am 14. April 1957 war ein riesiges Fest, zu dem viele Onkel und Tanten, sowie Vettern und Cousinen eingeladen wurden. Ich rechne es meinen Eltern hoch an, dass sie sich bei all ihrer Arbeit noch die Mühe machten, ihr gesamtes Schlafzimmer auszuräumen und das Mobiliar hinauf bis in die dritte Etage schleppten, damit dort oben die Wuppertaler Gäste übernachten konnten. Zu den festlichen Vorbereitungen gehörte natürlich auch die passende Garderobe, die von Mamas Freundin Else genäht wurde. Nach mehreren Anproben war mein Konfirmationskleid aus schwarzem Taft mit dem eng taillierten und doppelreihig geknöpften Samtjäckchen endlich fertig. Eine wirklich gelungene Kombination, die mir außerordentlich gut gefiel. Mein Konfirmationsspruch aus 1. Joh. 4 Vers 16 lautete:

Gott ist Liebe und wer in der Liebe bleibt,

der bleibt in Gott und Gott in ihm.

Diese göttliche Liebe durfte ich in meinem Leben häufig erfahren!

Ich bekam an diesem Tag viele Geschenke. Besonders gut aber gefielen mir die kleine Armbanduhr von Onkel Hans und der goldene Armreif von Eberhard. Sein Schmuckstück überreichte er mir in einem dunkelgrünen Lederetui, in dessen Mitte der Kopf einer dunkelroten Rose lag. Diesen Armreif trage ich seitdem an meinem rechten Handgelenk.

Fünf Jahre nach meiner Konfirmation erhielt ich von Eberhard einen Verlobungs- und Ehering. Aber das ahnte damals noch keiner von uns beiden. Allerdings gestand er mir später einmal, dass ihn die Eingebung, ich solle seine Frau werden, wie ein Blitz aus heiterem Himmel getroffen hätte. In einer schlaflosen Nacht wurde meinem späteren Ehemann Eberhard bewusst, dass ich seine große Liebe bin. "Die und keine andere sollte es sein!" Er war sich jedoch auch im Klaren darüber, eine lange Wartezeit in Kauf nehmen zu müssen. Denn ich war noch so jung und er immerhin zehn Jahre älter als ich. Deshalb sprach er auch zuerst mit Papa darüber und meinte, es wäre vielleicht besser, vorerst unser Haus zu meiden. Doch mein Vater lehnte seinen Vorschlag vehement ab. So sahen wir uns weiterhin, wenn Eberhard zu

Besuch kam. Beide Männer arbeiteten an den Wochenenden sehr gerne gemeinsam im Wald, was sich jedoch schon bald ändern sollte.

Von einem auf den anderen Tag reagierte mein Vater so eifersüchtig auf Eberhard, dass wir uns nicht mehr sehen durften. Damit brach für uns beide wie auch für die gesamte Familie eine schwere Zeit an. Mama hielt zu mir, weil sie Eberhard seriös fand und ihm vertraute. Wegen diesem Konflikt bildeten sich in der Ehe meiner Eltern zwei harte Fronten, unter denen ich sehr litt. Eberhard und ich aber hielten dadurch umso mehr an unserer Liebe fest.

Eine Lehre mit Auszeichnung und wie sie Gewinn bringt

Ich wäre gerne Büroangestellte bei einem Notar oder Steuerberater geworden. Deshalb hatte ich bereits während meiner Schulzeit mit einem Kurs für Stenografie und Schreibmaschine begonnen. Aber das fand ein rasches Ende, als Mama mit mir zur Berufsberatung nach Waldbröl ging. Die zuständige Berufsberaterin riet meiner Mutter: „Wenn sie einen guten Lehrherrn für ihre Tochter haben wollen, schicken sie sie zu Herrn Artur Robach, dem Inhaber des gleichnamigen Modehauses!" Also marschierten wir drei Häuser weiter, um mich dort vorzustellen. Da ich anscheinend einen guten Eindruck hinterließ, erhielt ich nach einem kurzen Gespräch die Zusage, in diesem Unternehmen mit meiner dreijährigen Ausbildung zur Einzelhandelskauffrau beginnen zu können.

Weil in dieser Firma aber ganz dringend ein neues Lehrmädchen benötigt wurde, musste ich, zu meinem großen Bedauern, die Schule vorzeitig verlassen.

Im Frühjahr 1957 begann ich mit meiner Kaufmännischen Lehre, und der Umgang mit den Kunden bereitete mir viel Freude. Mein Arbeitstag war allerdings recht lang und dauerte von morgens sieben bis abends 19 Uhr, dazwischen lag eine zweistündige Mittagspause.

Im Sommer fuhr ich mit dem Fahrrad, im Winter mit dem Bus. Manchmal holte Eberhard mich nach Feierabend mit seiner himmelblauen Isetta ab. Trotzdem musste ich immer pünktlich zu Hause sein. Einmal wöchentlich besuchte ich die Berufsschule in Waldbröl. In diesen drei Ausbildungsjahren gab es zwar viel zu lernen, aber das bereitete mir keinerlei Schwierigkeiten, zumal ich auch meine Klassenlehrerin, die

Prüfungsabschluss Frühjahr 1960

mich oft lobte, sehr gerne mochte. Renate Wald erinnerte mich an meine geliebte Tante Marta und war später sogar als Professorin für Gesellschaftswissenschaften an der Universität Wuppertal tätig.

Im Mai 2004 veröffentlichte sie ihre Autobiografie "Mein Vater Robert Ley". Meine Erinnerungen und Vaters Geschichte". Dadurch wurde ich wieder auf meine ehemalige Lehrerin aufmerksam, die das älteste Kind eines oberbergischen NS-Funktionärs war. Anlässlich der Herausgabe ihres Buches hörte ich, dass sie bereits sehr krank war und fand heraus, wo sie lebte. Ich hatte das starke Bedürfnis, ihr einen Brief zu schreiben, in dem ich über mein weiteres Leben berichtete, und ihr ein herzliches Dankeschön sagte. Da sie jedoch kurz darauf verstarb, habe ich von ihr keine Antwort mehr bekommen. Ich hoffe allerdings, dass sie meinen Brief noch erhalten hat und ich ihr darin meine Wertschätzung vermitteln konnte. Noch heute sehe ich ihr strahlendes Gesicht vor mir, als ich bei der Abschlussprüfung vom Direktor der Berufsschule Gummersbach als Auszeichnung für außergewöhnliche Leistungen ein Buch überreicht bekam.

Es war ein eiskalter Tag im März 1960 mit Glatteis auf den Straßen. Eberhard fuhr mich in der Frühe nach Gummersbach, aber ich kam zu spät. Der Saal im Schulgebäude war bereits so überfüllt, dass ich mir ganz hinten in einer Ecke einen Stehplatz suchen musste. Plötzlich wurde mein Name aufgerufen. Von den insgesamt hundertfünfzig Lehrlingen hatten drei die Prüfung mit Auszeichnung bestanden, darunter auch ich – als einzige Schülerin aus Waldbröl. Fast mehr noch als über meine Auszeichnung, freute ich mich über die Reaktion meiner Lehrerin, die sehr stolz auf meine Leistung war. Das war der Abschluss meiner dreijährigen Lehrzeit, in der ich mir nach und nach sehr schöne und qualitativ gute Bettwäsche sowie Tischtücher für die Aussteuer gekauft hatte. Wenn neue Ware geliefert wurde, durfte ich mir manchmal etwas davon zurücklegen lassen. Die dadurch entstandenen Kosten wurden dann mit meinem monatlichen Lehrgeld verrechnet.

Außer mir stellte man noch ein weiteres Lehrmädchen ein. Wir beide mussten tüchtig schuften. Vor Öffnung des Ladens hatten wir den Bürgersteig zu fegen, was vor allem im Winter beim Schneeschieben oft sehr anstrengend war, weil man das hart gefrorene Eis mit einem Spaten zerhacken musste. Salz durfte nicht mehr gestreut werden, nachdem sich ein benachbarter Ladenbesitzer darüber beschwert hatte, dass dadurch sein Linoleumboden Schaden genommen hatte.

Meine Schädigungen, die ich durch diese körperlichen Strapazen erlitt, waren jedoch wesentlich schlimmer. Da ich von jeher eine sehr schwache und deformierte Wirbelsäule hatte, war diese Arbeit für mich Vierzehnjährige viel zu schwer. An einem Wintermorgen kam ich nach anderthalb Stunden Schnee schaufeln völlig fertig ins Geschäft zurück und war nicht mehr in der Lage aufrecht zu gehen. Mein Chef fuhr mit mir sofort zum Arzt. Er musste mich einrenken, eine schmerzhafte Prozedur, die noch mehrfach wiederholt werden musste.

Nach Beendigung meiner Lehrzeit stieg ich schon bald ins elterliche Geschäft ein, um Mama zu entlasten. Wir zwei waren ein richtig gutes Team. Der Umsatz stieg kontinuierlich, so dass wir endlich anbauen konnten. Auch Papa war voller Begeisterung und Elan mit im Einsatz. Während der Bauzeit fand der Verkauf teilweise in unserer Küche statt, und allmählich wurde aus unserem kleinen Tante-Emma-Lädchen ein geräumiger moderner Selbstbedienungsladen!

Oma Illner, die Großmutter meiner Freundin Ilka

In meiner Freizeit besuchte ich die Großmutter meiner Freundin Ilka. Sie war eine Oma wie aus dem Bilderbuch und trug einen Nackenknoten. Sie stammte aus Schlesien, hatte ein rundes immer fröhliches Gesicht und war von kräftiger Statur.

Solch eine herzliche Oma hatte ich mir schon immer sehnlichst gewünscht. Bei ihr fand ich all das, was ich bei meiner Stief- Großmutter nicht gefunden hatte und Mamas Mutter, die schon frühzeitig starb, lernte ich nie kennen. In der Zeit, die Ilka in Bröl verbrachte, saßen wir oft abends zusammen in Oma Illners gemütlichem Wohnstübchen. Im Schein der alten Stehlampe machten wir Handarbeiten, spielten gemeinsam oder lasen mit Begeisterung Tarzan-Heftchen.

Im Winter knisterte ein wärmendes Feuerchen in ihrem kleinen gusseisernen Ofen. Wir lachten viel miteinander, denn dazu war sie immer aufgelegt. Oma Illner bewunderte stets meine Fortschritte, die ich beim Sticken an einer großen Tischdecke machte. Wenn ich wieder mit einem dieser Blumensträußchen fertig geworden war, klatschte sie vor Begeisterung in die Hände, und über ihr rundes freundliches Gesicht ging ein Strahlen, was immer ein herzerfrischender Anblick war!

An einem lauen Sommerabend ritzten Ilka und ich unsere Namen und das Datum in die Rinde einer alten Eiche ein und versprachen einander, uns nach zehn Jahren hier an der gleichen Stelle wieder zu treffen. Leider ist daraus nichts geworden.

Eine Freundschaft, die in schwerer Zeit half, Geduld zu bewahren

Nachdem sie zu ihren Eltern nach Ronsdorf gezogen war, freundete ich mich mit Marlis an, die ebenfalls in Bröl wohnte. Sie war nicht nur ein Jahr älter als ich, sondern auch einen

Kopf größer und ein Einzelkind. Insgeheim beneidete ich sie immer um ihren liebevollen Vater. Mein Papa hatte sich ja inzwischen so sehr in den Gedanken verbissen, Eberhard und mich auseinander zu bringen, dass ich darunter unendlich litt. Alle im Verwandten- und Bekanntenkreis wussten Bescheid und versuchten ohne Erfolg diese für uns so schwierige Situation zu verändern. Erst kurz vor unserer Verlobung entspannte sich die Lage ein wenig. Ich glaube, dass Gott unsere Gebete erhört und eingegriffen hat.

Im Nachhinein denke ich, dass mir Marlis mit ihrer fröhlichen Art sehr geholfen hat, diese schwierige Phase durchzustehen – wir haben zusammen unendlich viel rumgealbert und gelacht. Marlis lernte ihren späteren Ehemann auch jung kennen. Da wir beide deshalb auch schon früh eigene Familien zu versorgen hatten, wurde der persönliche Kontakt etwas weniger, blieb aber über all die Jahre bestehen. Marlis Vater und Mutter nahmen später mit großer Freude am Seniorenkreis Thierseifen teil und ihre große Goldhochzeit haben Marlis und ich gemeinsam in dem hiesigen Dorfhaus ausgerichtet. Dabei stellten wir fest, dass wir unsere frühere tiefe Verbundenheit nicht verloren haben. An einem ihrer Geburtstage hatte ich das Bedürfnis, sie einfach mit meinem Besuch und einem selbstgemachten Gedicht zu überraschen – ich sehe heute noch die Freude in ihrem Gesicht und höre sie aus ihren Worten, hatte sie doch kurz vorher eine schlimme familiäre Nachricht erhalten. Für ihren sehr kranken Sohn, einen Pfarrer, haben wir deshalb später viel in unserem Gebetskreis gebetet, was Marlis sehr, sehr wichtig war – ihr Sohn hat die schweren Behandlungen überlebt und es geht es ihm gesundheitlich viel besser. Und an meinem vorigen Geburtstag folgte sie ganz spontan meiner Einladung und so trafen sich viele „Mädchen" aus Kinder- und Schultagen wieder. Alte Erinnerungen und Fotos wurden hervorgekramt und wir schwelgten gemeinsam in den schönen alten Zeiten der Kindheit und Jugend.

Zu der damaligen Zeit wurde man erst im Alter von 21 für mündig erklärt. Es gab bestimmte Ausnahmefälle, die es ermöglichten, bereits mit 18 Jahren seine Volljährigkeit zu erlangen. Da unser Familienleben äußerst angespannt war, hatten Eberhard und ich diese Möglichkeit ins Auge gefasst, um endlich heiraten zu können. Doch es sollte anders kommen. Eberhard wollte Papa über unsere bevorstehende Verlobung informieren, die für den 17. Juni 1962 geplant war, damals ein Feiertag (Tag der Deutschen Einheit). Ich war sehr aufgeregt und gespannt, wie Papa wohl darauf reagieren würde. Circa drei Wochen vor dem geplanten Verlobungs-termin kam Eberhard zu uns ins Haus, um diese schwierige Angelegenheit mit meinem Vater zu besprechen. Mein Eberhard erinnert sich noch heute sehr genau daran, wie er an besagtem Tag genau den Zeitpunkt abpasste, als Papa nach der Spätschicht heimkam. Währenddessen saß ich mit pochendem Herzen in meinem Zimmer, ganz oben unterm Dach. Ausgerechnet an diesem Abend wurde ein für Papa so wichtiges Fußballspiel übertragen, dass er unbedingt sehen wollte – deshalb antwortete er auf Eberhards Bitte um ein Gespräch mit einem kurzen "Aber erst nach dem Spiel". Erstaunlich, beide Männer sahen sich gemeinsam das Fußballspiel an und anschließend teilte mein zukünftiger Verlobter meinem Vater unseren Entschluss zu einer gemeinsamen Zukunft mit. Papa nahm es schweigend zur Kenntnis. Seine Reaktion teilte mir Mama erst am anderen Morgen mit – Mama, Eberhard und ich waren gespannt, wie es nun weitergehen würde. Ich glaube, dass sich in den folgenden Wochen in Papas Innerem ein schwerer Kampf abgespielt hat, an dem Gott nicht unbeteiligt war. Erst später erzählte mein Vater, was kurz vor unserer geplanten Verlobung in ihm vorgegangen war.

Wie so oft habe er wieder einmal im Wald gearbeitet und als zum Abendläuten die Glocken von unserem Vereinshaus an sein Ohr drangen, sei ihm plötzlich bewusst geworden, dass er nur diese eine Tochter habe und die solle eine schöne Hochzeit feiern und ebenso eine richtige Verlobung.

Eigentlich hatten Eberhard und ich uns heimlich an irgendeinem verschwiegenen Ort verloben wollen - aber dann wurde daraus doch noch eine kleine Familienfeier. Wer nun denkt, ab diesem Tag sei die totale Harmonie eingekehrt, der irrt. Das Vertrauensverhältnis war erheblich gestört. Auch nach unserer Verlobung hatte Papa noch das Sagen. Sonntagsnachmittags durften Eberhard und ich zwar ausgehen, aber nur von 15 bis 20 Uhr. Um des lieben Friedens willen fügten wir uns, obwohl Eberhard bereits 29 war und ich immerhin 19. Deshalb legten wir auch schon drei Monate nach unserer Verlobung den Hochzeitstermin fest. Wir wollten Ende August standesamtlich heiraten und am 15. September kirchlich. Für mein Brautkleid hatte ich mir einen schweren, weißen Duchesse-Stoff ausgesucht und für das Jäckchen zarte Spitze. Nun musste ich ziemlich häufig zur Anprobe kommen, weil die Schneiderin so etwas noch nie genäht hatte. Später stellte sie ein Foto von mir in meinem Brautkleid ins Schaufenster ihres Ateliers. Eines Tages traf Papa genau vor diesem Geschäft auf einen alten Bekannten, der außerordentlich bedauerte, dass diese arme Braut wohl keinen Bräutigam habe. Daraufhin erklärte ihm mein Vater voller Stolz, dass dies eine Aufnahme seiner Tochter sei und die habe gerade einen netten Mann geheiratet.

Gemeinsamer Start in eine neue Zukunft

Unser Hochzeitstag war sonnig und warm. Meine Cousine Annegret half mir in meinem Dachkämmerchen beim Anziehen des Brautkleides, das eine Schleppe und einen Reifrock hatte. Darüber trug ich ein Spitzenjäckchen, welches auf dem Rücken mit vielen kleinen runden Perlmuttknöpfchen zugeknöpft wurde. Marion Jaspert, unsere Dorf-Friseurin, war für die Hochfrisur und das Anstecken des Brautkranzes zuständig. Wir Mädels plauderten so ausgelassen miteinander, dass wir darüber fast die Zeit vergaßen, bis ich Mama plötzlich rufen hörte. Nun ging es im Eilschritt die Treppen hinunter. Unten wartete bereits Eberhard mit einem Strauß roter Baccara-Rosen, die er mir mit einem bewundernden Blick in den Arm legte. Draußen stiegen wir in den festlich geschmückten schwarzen Mercedes von Papas damaligem Chef. Vor der Kirche in Waldbröl erwartete uns Pfarrer Sticherling, der mich einst konfirmiert hatte und führte uns zum Traualtar. Der Posaunenchor spielte, und auf der Empore sang der gemischte Chor, in dem wir beide Mitglied waren, das Lied:

Der Herr ist mein getreuer Hirt, er sorgt, dass mir nichts mangeln wird. Er weidet mich auf grüner Au, tränkt mich wie Blumen durch den Tau. Mit milder Hand gibt er das Brot, er stillt den Schmerz und hilft aus Not. Gesund lässt er mich tätig sein, schenkt mir zur Arbeit das Gedeihn. Er führet mich auf rechter Bahn, mich täuscht kein Irrtum, schreckt kein Wahn. Er ist mein Stecken und mein Stab, von Gott kommt mir mein Trost herab. Der Herr ist mein getreuer Hirt, der Herr ist mein getreuer Hirt.

Unseren Trauspruch, der auch als Widmung in unsere Bibel geschrieben wurde, stammt aus dem Kolosserbrief, Kapitel 2, Vers 7:

Seid verwurzelt und gegründet in ihm und fest im Glauben,

wie ihr gelehrt seid, und seid reichlich dankbar.

Nach der Trauung fuhren wir zuerst in das Fotoatelier. Dort war es sehr heiß, wir schwitzten tüchtig und erhielten strikte Anweisungen: Eberhard sollte mit geschlossenem Mund lächeln und ich meinen dabei öffnen etc. Nach diesen Strapazen fuhren wir mit allen Gästen in mein Elternhaus, wo wir gemeinsam Kaffee tranken. Danach spazierte die ganze Hochzeitsgesellschaft mit uns als Brautpaar an der Spitze ins Restaurant "Zur Klus".

Zwei kleine Mädchen trugen die Schleppe meines Kleides, die Rosen im Brautstrauß waren voll aufgeblüht und ich schritt feierlich am Arm meines Ehemannes über die Brölerhütte und den Niederhof zum abendlichen Hochzeitsessen. Es wurde eine unvergessliche Feier. Danach konnten wir uns endlich in unser eigenes kleines Reich zurückziehen.

Bei meiner Patentante Grete, die auf der Brölerhütte ein Haus besaß, hatten wir uns zwei Zimmer eingerichtet: Eine Wohnküche und ein Schlafzimmer direkt unterm Dach; die Toilette und das Bad im Untergeschoss durften wir mitbenutzen. Wir fanden unser kleines Nest urgemütlich, und jeder, der uns besuchte, bestätigte das.

Unsere Hochzeitsreise war ebenfalls etwas ganz Wunderbares, weil wir zum ersten Mal alleine in Urlaub fuhren! Eberhard besaß damals einen kornblumenblauen VW Käfer, der vollbeladen wurde, und los ging die Fahrt. Doch auf einmal fing ich an zu weinen. Darüber war Eberhard total schockiert und als er mich nach dem Grund fragte, gestand ich ihm unter Tränen, dass ich traurig sei, weil ich Mama nun zwei Wochen lang nicht sehen würde. Glücklicherweise zeigte er Verständnis dafür und tröstete mich recht schnell.

Hochzeit September 1962

Wir machten einen Zwischenstopp kurz hinter München und übernachteten in einem alten Bauernhof, wo es am nächsten Morgen ein deftiges Frühstück gab. Dann ging es weiter, und wir landeten glücklich in Österreich inmitten der Alpen, in Zell am See. Dort suchten wir uns in tausend Meter Höhe wiederum ein uriges Bauernhaus als Feriendomizil, und als wir mit der Seilbahn noch höher hinauffuhren, gerieten wir in tiefen Schnee. Was uns jedoch total überraschte, waren die Massen von dicken dunkelblauen Heidelbeeren, die uns aus der Schneedecke entgegen leuchteten.

Nach einer Woche zog es uns in wärmere Gefilde. Bei heftigem Schneetreiben überquerten wir den Großglockner und landeten wenig später in Velden am Wörthersee, wo uns spätsommerliche Wärme empfing und überall voll reife

Aprikosen an den Bäumen hingen. Diese herrlichen Tage vergingen viel zu schnell und nach der Heimreise begann unser Start in den Ehealltag.

Eberhards Familie

Mein Eberhard stammt aus einer großen Familie, er hat noch sechs Geschwister. Die Älteste davon ist seine Schwester Lore, dann folgen Eberhard, Manfred, Doris und Margret. Da die Mutter schon mit 46 Jahren starb, heiratete der Vater ein zweites Mal, und es wurden noch zwei weitere Schwestern geboren, Sabine und Martina. Aber es war nie ein Unterschied zu spüren im Verhältnis zu den Halbschwestern, und das ist bis heute so geblieben. Sie fühlten und fühlen sich immer als eine große Familie. Wie wohltuend fand ich es stets, wenn wir zu den Geburtstagen, sowie an Weihnachten und Ostern oder anderen Festtagen in Eichen als Großfamilie zusammenkamen. Das schöne geräumige Haus am Wald war dann erfüllt mit Leben. Die Kinder, Schwieger- und Enkelkinder, später sogar Urenkel waren bei "Oma Leni und Opa Ernst", wie wir sie nannten, herzlich willkommen. Die Oma hatte dann gekocht und gebacken in großen Mengen, und es war für uns alle ein rechter Schmaus. Jeder wusste viel zu erzählen, und die beiden Alten nahmen interessiert Anteil an allem. Inzwischen ruhen sie schon etliche Jahre auf unserem Thierseifener Friedhof, und so manches Mal verweile ich an ihrem Grab. Eberhards jüngerer Bruder Manfred verstarb ganz plötzlich im November 2008 und auch seine Schwestern Lore und Doris sind schon Witwe. Aber dankbar sind wir alle für den nach wie vor guten Kontakt zueinander

Die erste Schwangerschaft (Leben und Tod, so nah beieinander)

Nach elf Ehe-Monaten (1963) erwarteten wir unser erstes Kind. Im 4. Schwangerschaftsmonat wollte ich in der Nähe unserer Wohnung an einem kleinen Abhang ein paar Äste Weidekätzchen pflücken. Plötzlich entdeckte ich hinter mir eine Schlange – ich erschrak sehr, stolperte und fiel den Abhang hinunter – mit dem grauseligen Gefühl, das Kriechtier sei hinter mir her! Es war sicher keine Giftschlange, aber der Ekel und das tiefe Erschrecken verfolgten mich in der kommenden Zeit. Immer die leise Angst, unser ungeborenes Kind hätte dadurch Schaden genommen. Doch von da an verlief die Schwangerschaft ohne weitere Komplikationen und wir freuten uns sehr auf das Baby. Auch Tante Grete war gespannt auf den neuen Erdenbürger. Würde es nun eine Regina oder ein Christoph werden? Als ich im sechsten Monat schwanger war, fuhren Eberhard und ich in Urlaub nach Wasserburg am bayrischen Bodensee. Wir wohnten in einer gemütlichen Pension mit Seeblick, und ich hatte ständig einen unbändigen Appetit. Zum Frühstück bekamen wir sechs Brötchen, von denen Eberhard zwei aß, und ich die restlichen vier mit entsprechendem Belag. Aber das hielt nicht lange bei mir an. Gegen elf Uhr spazierten wir schon wieder an den Restaurants entlang und studierten hungrig die Speisekarten für das Mittagessen. Das Wetter war sehr sommerlich und so saßen wir meistens draußen auf einer der Seeterrassen. Einmal wanderten wir landeinwärts und machten Rast in einem kleinen Landgasthof. Da saßen wir dann unter einem großen Kastanienbaum und bestellten Rouladen mit Spätzle und Kopfsalat. Daraufhin lief die Köchin sofort in den Garten, um dort den gewünschten Salat zu ernten. Frischer ging es wirklich nicht! Am Anfang dieser Ferien konnte ich noch meine normale Garderobe tragen. Keiner wollte glauben, dass ich bereits im sechsten Monat schwanger war. Denn ich trug Konfektionsgröße 36, doch das sollte sich während der darauffolgenden zwei Wochen gewaltig ändern. Das Baby wuchs und war sehr lebendig. Eberhard witzelte dann immer, ob "er" wieder am Fußballspielen sei. Mama schickte mir per Post das Umstandskostüm zu, das ich bei "Storch Moden" bestellt hatte. So erlebten wir herrliche Ferientage in froher Erwartung auf unser erstes Kind. Was allerdings die freudige Stimmung bei mir etwas beeinträchtigte, war die Tatsache, dass mein geliebter Patenonkel Hans aus Wuppertal an Magenkrebs erkrankte. Ich erinnere mich noch genau daran, dass ich mich während eines Gottesdienstbesuches in Lindau gedanklich sehr intensiv mit ihm beschäftigte. Später erfuhr ich dann von Tante Laura, seiner Frau, dass er exakt in dieser Stunde gestorben war…

Auf der Rückreise kehrten wir noch in Bühlertal ein und kauften dort die ersten winzig kleinen Babysachen, die ich nachher freudig im Hotelzimmer ausbreitete. Als wir in unserem Heimatort ankamen, erreichten uns gleich zwei traurige Nachrichten: Außer meinem Onkel Hans war auch sehr plötzlich und unerwartet Opa Heinrich gestorben und beide waren bereits beerdigt.

Wie so oft im Leben liegen Freud und Leid sehr nahe beieinander, doch ich war dankbar, dass meine weitere Schwangerschaft gut verlief und ich bis zum letzten Tag im elterlichen Geschäft arbeiten konnte.

Am 21. August ging es abends dann los. Eberhard und ich waren wie jeden Abend bei Tante Grete zum Fernsehen. Einen eigenen Fernsehapparat hatten wir noch nicht, und sie freute sich immer über unsere Gesellschaft. Gegen 21.30 Uhr begannen die ersten Wehen, die ich zunächst für ganz normale Bauchschmerzen hielt. Eberhard bekam das auch mit, weil ich ihn dabei immer kräftig ins Bein kniff. Rasch begaben wir uns in unsere Dachwohnung, ohne Tante Grete etwas zu sagen. Ich schlief zwar schnell ein, wurde aber wieder wach, als Eberhard sich anzog. Denn er hatte mich stöhnen gehört und wollte nun die Hebamme anrufen. Kaum einer im Dorf besaß damals ein Telefon, außer der Familie Vorländer, die die Poststelle in Bröl verwaltete. An deren Haustür gab es jedoch keine Klingel, deshalb musste der angehende Vater kleine Steinchen gegen das Schlafzimmerfenster im oberen Stockwerk werfen. Nach mehreren Versuchen gelang es ihm, die Vorländers aufzuwecken, und er konnte endlich die Hebamme benachrichtigen. Nachdem sie bei uns auf der Brölerhütte eingetroffen war, berichtete sie erst einmal in aller Ausführlichkeit von ihrer gerade gemachten Hochzeitsreise. Als die Wehen immer häufiger und stärker einsetzten, schlug sie vor, mich ins Krankenhaus nach Waldbröl zu fahren. Eberhard fragte, ob er mitfahren solle, aber sie lehnte das ab und meinte: „Bleib du mal lieber zu Hause, dich können wir dabei nicht gebrauchen!" Also quetschte ich mich mit meinem dicken Bauch in ihr winziges Auto und wartete gespannt auf die Geburt im Kreißsaal. Was mich dort empfing, jagte mir jedoch einen ziemlichen Schrecken ein. Im Nebenbett lag eine Italienerin, die unaufhörlich in den höchsten Tönen "Mama Mia" schrie, während die Hebamme an ihrem Bett in aller Seelenruhe strickte. Als es dann schließlich bei mir so weit war, tat ich mein Bestes, um unseren dicken Christoph so lautlos wie möglich zur Welt zu bringen. Er wog 4000 Gramm und war 54 cm groß. Meine Bettnachbarin rief immer noch "Mama Mia" und daneben saß – völlig unberührt von ihrem Geschrei – die strickende Hebamme.

Glücklich und erleichtert hielt ich unseren neugeborenen Sohn im Arm. Meine erste Frage nach dem schrecklichen

Erlebnis im 4. Monat mit der Schlange war, ob unser Kind gesund und ohne Makel sei – Gott sei Dank , das war unser Christoph!!! Wenig später betrat Eberhard, der Christoph bereits hinter der Glasscheibe gesehen hatte, freudestrahlend mein Zimmer und behauptete: „Der sieht ja aus wie der Churchill!" Meine Bettnachbarin war darüber ganz entrüstet und meinte, für ihren Mann sei ihr Kind das Schönste auf der ganzen Welt. Ich konnte ihre Empörung nicht ganz nachvollziehen und fand Eberhards Bemerkung durchaus zutreffend, denn Christoph hatte wirklich ein rundes Gesicht mit dicken Pausbäckchen.

Christoph zwei Jahre alt

Nach zehn Tagen wurden wir zwei aus dem Krankenhaus entlassen. Der frischgebackene Vater brachte ein Federkissen mit, in dem der kleine Erdenbürger warm und weich auf die Brölerhütte transportiert wurde.

Der heimatliche Empfang war jedoch alles andere als gemütlich. Wegen der kühlen Witterung hatte Eberhard mehrere Versuche unternommen, unseren Kohleofen in der

Wohnküche anzuheizen, was ihm jedoch misslang, denn der ganze Raum stank nach kaltem Rauch. Zunächst stand ich mit meinem kleinen Sohn etwas ratlos da. Doch dann legte ich ihn im Schlafzimmer in den Stubenwagen und lüftete erst einmal tüchtig durch. Anschließend brachte ich den Ofen in Gang. Als Christoph wach wurde und gestillt werden musste, konnten wir diese Prozedur in wohliger Wärme genießen. Er war sehr lieb und meldete sich nur zu den Mahlzeiten, ansonsten schlief er. Nach ein paar Wochen meinte Tante Grete, man höre ja gar nicht, dass ein Kind im Haus sei.

Wenn Eberhard zur Arbeit gefahren war, badete ich Christoph, was einen ziemlichen Aufwand erforderte. Denn ich musste das Badewasser auf dem Herd erwärmen und aus der kleinen Abstellkammer die Wanne und einen alten Stuhl hervorholen. Dann endlich konnte das "Bade-Remmidemmi" beginnen. Gewickelt wurde auf dem Esszimmertisch und anschließend ging ich mit meinem Sohn im Kinderwagen zur Arbeit. Egal, ob es regnete, schneite oder hagelte, wir kamen immer pünktlich bei Oma Mariechen im Geschäft an. Durch unsere Spazierfahrten wurde Christoph richtig abgehärtet und bekam so gut wie nie eine Erkältung.

In den folgenden Jahren entwickelte er sich prächtig, und wir hatten sehr viel Freude an unserem kleinen Sohn. Vor Unfällen oder schweren Krankheiten blieb er, ebenso wie unsere ganze Familie, bewahrt.

Hausbau

Im Frühjahr 1965 begann ein neuer großer Abschnitt in unserem Leben, der Bau eines eigenen Hauses. Das war schon eine Herausforderung für Eberhard, denn er hatte sich vorgenommen, den Rohbau zusammen mit nur einem einzigen Maurer fertig zu stellen. Einen schönen Bauplatz bekamen wir von meinen Eltern ganz in der Nähe meines Elternhauses. So wurde im ersten Jahr innerhalb einiger Urlaubswochen und an Feierabenden das Kellergeschoss errichtet, in dem auch eine Einliegerwohnung für meine Eltern vorgesehen war. Durch die Südhanglage war das gut möglich, und meine Mutter freute sich sehr auf diese schöne Wohnung.

Mein Vater konnte sich nur langsamer mit dem Gedanken vertraut machen, denn er hing sehr an seinem Elternhaus. Aber grundsätzlich war er schon damit einverstanden, zumal die Mama durch einen schlecht verheilten Beinbruch gehandicapt war. Außerdem wünschten Eberhard und ich uns sehr ein zweites Kind, so dass meine Hilfe im Geschäft irgendwann auch wegfallen würde.

Also wurde im nächsten Jahr fröhlich weitergebaut und Ende 1966 war unser zukünftiges Heim schon fertig. Das alles hatten wir bis dahin mit unserem ersparten Geld geschafft, also ohne Schulden zu machen. Das erfüllte uns schon mit Stolz und Freude. Und dann, im Herbst 1967, kam das Finale, der Umzug in das neue Haus am Neuen Weg 21 in Bröl. Noch vor Weihnachten im gleichen Jahr zogen auch meine Eltern ein. Es war die schönste Wohnung, die sie je in ihrem Leben hatten, und sie fühlten sich sehr wohl darin. Da schon einige Jahre vorher das kleine Tante-Emma-Lädchen zu einem größeren Selbstbedienungsladen umgebaut worden war, konnte das Geschäft sowie das gesamte Haus gut vermietet werden. Mama und ich haben mit viel Freude dieses Geschäft von 1960 - 1967 gemeinsam geführt und den Umsatz kontinuierlich gesteigert. Doch unsere Nachfolger konnten das Geschäft nicht mehr sehr lange halten, denn inzwischen hatten die ersten Supermärkte in der Nachbarstadt Waldbröl Einzug gehalten.

Danach übernahm mein Bruder das elterliche Haus und wohnte dort einige Jahre mit seiner Familie. Inzwischen ist es Heimat geworden für eine siebenköpfige Familie aus Ruanda, die ich sehr gerne mag. Die Eltern sind tiefgläubige Christen, und so weht wieder ein Geist im Haus, den mein Urgroßvater in der Doppelhaushälfte dort auch erlebt hat. Dafür bin ich Gott sehr dankbar.

Nun ist in dem Raum, unmittelbar vor meinem früheren Mädchenzimmer, eine Andachts- und Gebetsecke eingerichtet worden. Dazu fertigte Eberhard ein schönes Holzkreuz, welches dort in aller Schlichtheit an der Wand hängt.

Ein Geschwisterchen für Christoph

Im Juni 1969 kam unser zweites Wunschkind zur Welt, und tatsächlich eine Tochter! Die hatte ich mir insgeheim sehr gewünscht, aber meine Ärztin, die mich während der Schwangerschaft betreute, machte mir da keine Hoffnung. Ultraschall-Untersuchungen waren zu dieser Zeit noch nicht so bekannt. Aufgrund der starken Herztöne und des kräftigen Gewichtes tippte sie auf einen stabilen Jungen. Dass jedoch auch Mädchen schon im Mutterleib diese Merkmale aufweisen können, war ihr wohl noch nicht bekannt. Also war die Überraschung und Freude bei uns umso größer. Bis zum achten Monat verlief diese Schwangerschaft sehr gut, doch dann setzte eine nervenaufreibende Zeit ein. Bedingt durch eine Gelbsucht, die aber erst spät erkannt wurde, plagte mich Tag und Nacht ein starker Juckreiz vom Kopf bis zu den Füßen. Außerdem war es recht warm, was die ganze Sache noch verstärkte.

Manchmal meinte ich schier zu verzweifeln, weil nichts half. Weder juckreizstillende Salben, noch kalte Duschen oder die Trinkampullen, die ich verordnet bekam. Manchmal saß ich nachts mit einer Gabel in der Hand und schabte mir die Füße blutig. Eberhard litt sehr mit und überlegte immer, wie er mir helfen könnte. So ging er eines Nachts in den Keller, holte eine Flasche Wein und gab mir ein Gläschen von dem guten

Stephanie vier Jahre alt

Rebensaft mit den Worten: „Davon wurdest du doch sonst so schön müde, vielleicht kannst du dann endlich mal zur Ruhe kommen." Er leistete mir auch dabei Gesellschaft, obwohl wir ansonsten selten Alkohol tranken. Sicher boten wir einen originellen Anblick, im Bett sitzend mit einem Glas Wein in der Hand, und ich mit meinem dicken Bauch. Das Mittel zeigte zwar seine Wirkung, jedoch nur für kurze Zeit und diente nicht als Lösung für das Problem. Das geschah erst durch die Entbindung, die vorzeitig eingeleitet wurde. Da Steffi eine Steißlage war, bekam ich zum Schluss eine Narkose. Noch halb benommen erwachte ich und hörte die Hebamme wie von Ferne sagen: „Frau Seibel, es ist ein Mädchen!" Ich muss wohl darauf mehrmals geantwortet haben, dass das nicht wahr sei, weil ich es kaum glauben konnte. Aber nachdem mir das Kind gereicht wurde, war es unübersehbar, dass ich eine Tochter geboren hatte. Das Glücksgefühl und die Dankbarkeit für dieses Gottesgeschenk waren unbeschreiblich! Aber der "zweite Junge" war so fest in mir eingespeichert, dass ich, wenn Besuch kam, immer noch von einem "er" sprach. Wie Gott mich bewahrt hatte, wurde mir ganz besonders bewusst, als ich hörte, dass eine Bekannte von mir einige Tage später an den Folgen einer Gelbsucht bei der Geburt ihrer Tochter verstarb.

Als Eberhard mich mit Steffi aus dem Krankenhaus nach Hause holte, war der Empfang wunderschön. Unser schwarzer Pudel Pedro empfing uns schon freudig an der Haustür. Im großen Wohnzimmer stand, von der Sonne beschienen der schöne Baby-Stubenwagen und daneben eine Bodenvase mit langstieligen gelben Rosen. Meine Eltern kamen herauf, um ihr zweites Enkelkind zu begrüßen, und auch sie freuten sich sehr. Christoph musste sich erst etwas an die neue Situation gewöhnen, war er doch sechs Jahre die Hauptperson für Eltern und Großeltern gewesen. Aber von starker Eifersucht haben wir nichts gemerkt, auch er mochte seine kleine Schwester gerne. Nur später kehrte er oft den "Größeren" heraus.

Ein denkwürdiges und von Krankheiten geprägtes Jahr

Das Jahr 1970 war ein denkwürdiges und von Krankheiten geprägtes Jahr für unsere Familie. Im Frühjahr bekam Papa aus heiterem Himmel mit achtundfünfzig Jahren einen Herzinfarkt. Während er noch im Krankenhaus lag, wurde ich eingewiesen mit einer anstehenden Gallenoperation. Ich war gerade erst einen Tag wieder zu Hause, als Mama sich über Nacht von Kopf bis Fuß gelb verfärbte und somit unter einer akuten Gelbsucht litt. Trotz hohen Risikos wurde sie schnellstens operiert. Somit hatte ich beide Eltern im Krankenhaus. Meine eigene Operation lag gerade mal eine Woche zurück, Steffi war ein Jahr alt und Christoph allerdings schon sieben. Doch die ganze Situation war nicht so einfach. Eberhard half, wo er konnte, und es ging mir gesundheitlich sehr schnell wieder besser. Während Papa inzwischen entlassen worden war, hatte Mama sich nach sechs Wochen Krankenhausaufenthalt immer noch nicht erholt. So holten wir sie auf eigene Gefahr nach Hause. Von dem Tag an konnte sie wieder essen und allmählich kehrten ihre Kräfte zurück. Später sagte mir der behandelnde Arzt, dass er nicht viel Hoffnung für meine Mutter gesehen habe. Wieder einmal erlebten wir Gottes Bewahrung und waren sehr dankbar dafür. Dann kam Eberhard an die Reihe. In der Firma, bei der er arbeitete, fiel ihm eine schwere Formplatte auf das Bein. Er wurde sofort operiert, eine Hautverpflanzung musste gemacht werden. Doch glücklicherweise heilte alles gut, und auch da war wieder die Bewahrung zu spüren! Im Jahr 1974 erlebten wir eine krisenhafte Zeit, aber beide blieben wir davor bewahrt, aus der Ehe auszubrechen. Bis heute, nach 46 Ehejahren, stellen wir immer noch unsere starke Unterschiedlichkeit fest, empfinden das aber eher als etwas Bereicherndes und Positives. Vor allen Dingen haben wir gelernt, gut miteinander zu kommunizieren. Das ist etwas, was wir von Hause aus überhaupt nicht kannten. Unsere Väter waren autoritär, die Mütter weniger, und wir hatten uns alle zu fügen. Bei Eberhard kam noch hinzu, dass er als Sechsjähriger Kinderlähmung bekam und viele Monate total gelähmt in einer Bonner Klinik lag. Da seine Mutter ihn, wenn es ihr überhaupt möglich war, nur am Wochenende besuchen konnte, musste er schon sehr früh Schweres alleine durchmachen. Ich glaube, dass ihn das einerseits stark, andererseits aber auch verschlossener gemacht hat. Er erinnert sich daran, dass er mit vielen Kindern zusammen in einem großen Zimmer lag, die alle eine Elektroschock-Therapie erhielten. Das war sehr schmerzhaft, und fast alle schrien laut, wenn die Ärzte nur das Zimmer betraten. Da Eberhard wohl keinen Laut von sich gab, war er das geeignete Versuchskaninchen. Heute denken wir aber, dass diese strenge Behandlung und Gottes Eingreifen eine fast vollständige Heilung bewirkt haben.

Erfolgreicher Ausbildungsabschluss der Kinder und der erste Start in ein eigenes Familienleben

Unsere beiden Kinder Christoph und Stephanie entwickelten sich gut. Auch während der Pubertät hatten wir keine allzu großen Schwierigkeiten mit ihnen. Sie wurden beide im gleichen Jahr, 1990, mit Studium und Ausbildung fertig. Christoph konnte sich nun als Maschinenbau-Ingenieur bewerben und Steffi als examinierte Altenpflegerin. Allerdings folgte bei ihr noch zuvor das Anerkennungsjahr. Wir waren sehr glücklich, denn es war doch ein ganz wichtiger Lebensabschnitt für unsere Kinder, wie auch für uns. Worüber Eberhard und ich uns sehr freuten, war, dass uns die beiden als "Dankeschön" von ihrem ersten selbstverdienten Geld eine Urlaubsreise zur Apfelblüte nach Südtirol schenkten. Diese Reise haben wir sehr genossen.

Zwei Jahre später, im Sommer 1992, stand die erste Hochzeit ins Haus. Christoph und Andrea, die sich schon länger kannten und liebten, heirateten standesamtlich und kirchlich. Wir mochten unsere Schwiegertochter sehr gerne, und sie war für uns fast wie eine eigene Tochter. Ich erinnere mich noch gut, mit welch großer Freude ich diese Hochzeit vorbereitete, und wir feierten ein sehr schönes Fest.

Freizeit für Tschernobyl-Kinder

Eine andere ganz große Sache hatte sich im Laufe des Jahres entwickelt und wurde im September 1992 Wirklichkeit. Wir bekamen in unseren kleinen Ort Bröl-Thierseifen 29 Kinder aus Tschernobyl.

Ich hatte von diesen Aktionen in der Tageszeitung gelesen und war davon sehr angetan. Der Wunsch, auch einige Kinder in unserem Haus aufzunehmen, verstärkte sich recht schnell, als ich Freunden und Bekannten davon erzählte. So entstand ein Team von drei Personen, und wir organisierten einen Informationsabend für Familien, die eventuell bereit wären, ebenfalls Kinder aus diesem strahlenverseuchten Gebiet aufzunehmen. Dazu luden wir Herrn Dr. Friedrichs ein, der sich in Kiew sehr stark in diese Arbeit einbrachte. Er ist der Bruder von H. J. Friedrichs, dem bekannten und beliebten Fernsehsprecher, der inzwischen schon seit vielen Jahren verstorben ist. Wir hatten als Wunschziel vor Augen, 20 Kinder aufzunehmen und 20.000 Mark an Spenden zu sammeln.

Doch diese Vorstellung wurde bei weitem übertroffen! Wie schon erwähnt, konnten wir 29 Kinder unterbringen und bekamen fast 90.000 Mark zusammen. Ich werde niemals die erste Spende vergessen, die ich bekam. Über unsere regionale Presse hatten wir die Bevölkerung unterrichtet, und an dem besagten Tag war der Spendenaufruf in der Zeitung erschienen u. a. mit meinem Namen. Mit der Bitte um einen Plakataushang stand ich eines Morgens an der Kasse eines

Supermarktes. Hinter mir eine alte Frau, einfach gekleidet, offensichtlich keine von den reichen Damen. Sie konnte also die Zeitung kurz zuvor erst gelesen haben und sprach mich auf meinen Namen an. Dann öffnete sie ihr Portemonnaie und gab mir freudestrahlend 50 Mark. Ich war so gerührt, auch über das Vertrauen, das sie mir als einer fremden Person entgegenbrachte, dass ich in dem Moment kaum etwas sagen konnte. Aber dann bedankte ich mich ganz herzlich bei ihr und sagte, dass dies die erste Spende sei, die ich bekommen hätte. Darüber freute sie sich natürlich auch. Dazu fiel mir spontan die Geschichte in Markus 12, 41 - 44 ein, die von dem Scherflein der armen Witwe handelt. In der folgenden Zeit sind außer meiner Bekannten und mir, die wir an unendlich viele Haustüren gingen, noch zahlreiche Sammlerinnen und Sammler unterwegs gewesen. Aber der soeben beschriebene Anfang hat mich enorm beflügelt!

Sehr viele Spenden gingen auch auf dem Sonderkonto unseres Missionsvereins Thierseifen ein, der sich als Träger zur Verfügung stellte, damit auf Wunsch Quittungen ausgestellt werden konnten. Der zweite Verein, der uns mit anfallenden Fahrten der Kinder oder auch in anderen Dingen stark unterstützte, war die ortsansässige Feuerwehr Thierseifen. Ohne sie wäre vieles nicht möglich gewesen. Ganz besonders möchte ich da Wolfgang Lindenberg aus Wilkenroth erwähnen. Außerdem Gerti Demmer, die mir immer eine gute und vertrauensvolle Ansprechpartnerin sowie tatkräftige Helferin war, gemeinsam mit ihrem Mann Friedhelm. Aber meinen Mann möchte ich an dieser Stelle auch mit großer Dankbarkeit erwähnen, ebenso die unzähligen Helferinnen und Helfer, allen voran natürlich die gastgebenden Familien für unsere Tschernobyl-Kinder.

Die riesige Geldsumme kam jedoch nicht nur aus der näheren Umgebung zusammen. Ungefähr die Hälfte des Geldes spendete eine ganz andere Klientel. Der Bruder von Gerti, Dr. Ottmar Schuster, war der Vorsitzende der "Öffentlich bestellten Vermessungsingenieure." Anlässlich einer großen Geodäten-Tagung, zu der auch der russische Außenminister geladen war, informierte Dr. Schuster über die Erholungsmaßnahme für die ukrainischen Kinder. Danach wurden laufend, zum Teil größere Summen, auf das Spendenkonto überwiesen. Wir waren einfach überwältigt von dieser Hilfsbereitschaft.

So war die finanzielle Seite mehr als gesichert, wofür wir Gott sehr dankbar waren. Und dann war es endlich soweit! Nach vielen Monaten der Vorbereitung und gespannter Erwartung auf unsere Ferienkinder fuhren wir am 16. September 1992 an den Frankfurter Flughafen, um unsere kleinen Gäste im Alter von sechs bis dreizehn Jahren in Empfang zu nehmen. Durch die Namensliste der Kinder, die mir vorab zugesandt wurde, hatte ich mich schon mit allen vertraut gemacht und sie den passenden Gasteltern zugeteilt. Denn jede Familie äußerte vorab bestimmte Wünsche in Bezug auf Alter und Geschlecht. Und nun standen sie vor uns, eine Gruppe von Kindern mit blassem Aussehen und bangen, fragenden Augen. Doch im Bus bekamen sie zuerst eine Kleinigkeit zu essen und zu trinken. Außerdem von mir eine selbstge-bastelte Kette mit einer Süßigkeit zur Begrüßung um den Hals gehängt, darauf stand ihr Name und derjenige der Gastfamilie. Das entspannte die Kinder zusehends, denn sie spürten, dass jedes von ihnen persönlich und herzlich empfangen wurde. Zwei junge russische Frauen begleiteten außerdem die Kindergruppe. Als wir dann durch die schöne spätsommerliche Natur in unsere oberbergische Heimat fuhren, sagte ein kleiner Junge, dessen Worte von seiner

Begleiterin übersetzt wurden: „Hier ist es ja so schön wie im Himmel!" Sicher waren sie den Anblick dieser grünen Wiesen und Bäume sowie der schönen Häuser und Straßen, nicht gewohnt. An unserem Vereinshaus Thierseifen angekommen, erwartete eine Menge von großen und kleinen Leuten ihre Ferienkinder. Durch die "Erkennungskette" fand jede Familie ohne Probleme ihr neues Familienmitglied. Manchmal waren es auch zwei, so wie bei uns. Nachdem alle abgefahren waren, standen am Schluss noch die beiden zwölf und dreizehn Jahre alten Mädchen, Irina und Natascha, bei mir...

Gerade zu Hause angekommen, wurden sie zuerst einmal von Eberhard herzlich begrüßt. Dann führte ich die Mädels eine Etage höher, in das sehr große ausgebaute Dachgeschoss. Sie schauten sich zuerst sprachlos und erstaunt um, bis ich die Vorhänge vor den versteckten gemütlichen Bettkojen öffnete. Da begriffen sie, dass diese schöne Räumlichkeit ihr alleiniges Reich für vier Wochen Ferien in Deutschland sein würde. Spontan fassten sie sich an den Händen, wirbelten wie irre herum und sangen dazu in großer Freude ein kleines russisches Liedchen. Dieser Anblick trieb mir die Tränen in die Augen.

Die nun folgende Zeit war ausgefüllt mit vielen Aktivitäten, die wir vorab geplant hatten. An den meisten Vormittagen jedoch trafen sich die Kinder in unserem Vereinshaus, wo sie miteinander spielen, basteln oder Sport treiben konnten. Das sollte auch eventuell auftretendem Heimweh vorbeugen, denn sie konnten sich in den Gastfamilien ja nicht unterhalten. Aber das erwies sich als kein Problem, denn es wurde sehr schnell, flexibel wie Kinder sind, mit Händen und Füßen kommuniziert. Außerdem bekamen alle Gastgeber ein russisch- deutsches Übersetzungsbüchlein. Obwohl wir die Ausflüge gut organisiert hatten, wurden unsere Pläne ständig verändert durch immer wieder neue Angebote für die Kindergruppe. Durch die Zeitungsberichte nahmen viele Menschen an dieser Erholungsmaßnahme teil und wir waren überrascht, wie viel Schönes den Kindern ermöglicht wurde.

Um nur einiges aufzuzählen: Ein Arzt aus dem Siegkreis lud zum Tretbootfahren auf der Sieg ein mit anschließendem Kaffeetrinken.

Der Besitzer eines großen Freizeitparks lud ein, ebenso durften die Kinder in Waldbröl nach Lust und Laune Minigolf spielen und wurden anschließend noch zum Mittagessen eingeladen. Ein anderes Mittagessen nahmen sie auf Einladung der Katholischen Kirchengemeinde in deren Gemeindehaus ein. Dort gab es Spaghetti Bolognese. Doch anscheinend kannten unsere kleinen Gäste dieses Gericht nicht, luden sich aber trotzdem riesige Mengen auf ihre Teller. So kam es dann, sehr zu unserem Leidwesen, dass auch große Portionen wieder in den Topf zurückwanderten. Aber die Überraschung kam noch später, als wir anschließend in der italienischen Eisdiele saßen, die uns freundlicherweise auch eingeladen hatte und allen Kindern ein dickes Spaghetti-Eis servierte! Ich beobachtete, wie sich die Gesichter verfinsterten, kaum einer wagte, das Eis anzurühren. Sie glaubten wohl, das gleiche Gericht noch einmal essen zu müssen. Nachdem wir ihnen aber Mut machten zu probieren, schmeckte ihnen diese Köstlichkeit super und es blieb nichts übrig. Eine ganz tolle Sache bei schönem Wetter war eine Planwagenfahrt durch Wald und Feld. Die hatte ein Pony-Hof-Besitzer gesponsert inklusive Kaffeetafel mit frischem Hefekuchen und Kakao. Dazu hielten wir mitten unter grünen Bäumen an. Von der Decke des Planwagens senkte sich ein langer Tisch herunter. Eine rotkarierte Tischdecke wurde darauf ausgerollt und dann ging es ans Schmausen.

Das Schwimmen im bekannten Freizeitbad Eckenhagen genossen die Kinder auch sehr, aber der absolute Höhepunkt war der Besuch des Panorama-Parks im Sauerland. Da waren sie ganz aus dem Häuschen und konnten kein Ende finden bei allen Vergnügungsangeboten. Dadurch waren uns zwei Kinder "verloren gegangen", die wir dann in russischer Sprache über Mikrofon ausrufen ließen. Zum Glück fanden sie sich wieder ein, und mit einiger Verspätung landeten wir in Thierseifen, wo die Gasteltern schon länger warteten. Jeder Tag war also eine immer neue Herausforderung für uns, und wir waren froh, wenn alle wieder gesund und wohlbehalten zu Hause waren. Ich bin gewiss, dass Gott unsere Gebete erhörte, denn in den ganzen vier Wochen ist keinem Kind etwas zugestoßen. Obwohl sie durch den Ort und über die Hauptstraße radelten, ohne so recht auf den Verkehr zu achten. Ich erinnere mich noch gerne daran, dass, wenn ich morgens die Haustüre öffnete, die ersten Kinder schon vorbeiradelten. Fröhlich winkten sie mir dann zu und riefen: „Hallo Monika!"

Mit unserer Natascha sowie einer älteren Natascha fuhr ich jedoch einmal zu einer Blutuntersuchung. Sie waren beide sehr blass und oft müde. Mit dem Arzt machte ich dann eine recht negative Erfahrung, die mir lange nachging. Unser Mädel hatte eine unbändige Angst vor der Blutentnahme. Durch langes Warten verstärkte sich das noch, so dass das ältere Mädchen und ich alle Mühe hatten, die Jüngere zu beruhigen. Das merkte der Arzt auch, ging aber gar nicht darauf ein. Nachdem das Blut entnommen war, wurde Natascha kreidebleich und verlangte nach Wasser. Wir legten sie auf eine Liege und der Arzt eilte hinaus. Ich nahm an, dass er ein Glas Wasser holte. Dem war aber nicht so, er kam nicht wieder. Ich war in großer Sorge, und lief herum, um an Wasser zu kommen.

Den Arzt haben wir nicht mehr gesehen. Das spätere Ergebnis wies zum Glück keine schwere Erkrankung auf, aber starken Eisenmangel. Da konnte ja mit guten Medikamenten etwas getan werden. Die gaben wir den beiden auch mit nach Hause.

Abschlussgottesdienst mit den Tschernobyl Kindern 1992

Und viele, viele schöne Sachen konnten noch in den großen gespendeten Sporttaschen verpackt werden, bevor unsere Ferienkinder die Heimreise antraten. Gute Kleidung, zum Teil für die ganze Familie, Spielsachen und Süßigkeiten, kleine Souvenirs und Fotos.

Für die erhöhte Anzahl der Gepäckstücke und deren Gewicht mussten wir eine Sondergenehmigung erwirken, sonst hätte der Flieger "mit Anhänger" starten müssen. Aber am letzten

Sonntag, dem 11. Oktober, feierten wir als Abschluss im großen Rahmen einen sehr schönen und bewegenden Gottesdienst. Dazu kamen außer den Kindern alle Gastfamilien, sowie der CDU-Bundestagsabgeordnete Dr. Horst Waffenschmidt, der in Waldbröl beheimatet ist, und der damalige Bürgermeister Berthold Oettershagen. Dr. Ottmar Schuster war ebenfalls anwesend, 20 Frauen, die die ukrainischen Gäste jeden Vormittag im Vereinshaus Thierseifen betreut hatten und viele Menschen, die uns mit ihren Spenden unterstützt hatten.

Die Predigt hielt Pfarrer Dr. Ulrich Wimmer, der auch gut auf die Kinder einging. Danach folgte ein gemeinsames Mittagessen, fröhliches Spielen der Kinder und eine abschließende Kaffeetafel.

Ab dann setzte bei uns zu Hause das Abschied nehmen schon ein. Irina und Natascha weinten oft und baten darum, doch noch etwas bleiben zu dürfen. Oder es hieß: Monika, du mit uns fahren! Aber beides war ja unmöglich, und so fuhren wir am Mittwoch, dem 14. Oktober mit 29 gut erholten und an Körpergewicht wesentlich zugelegten Tschernobyl-Kindern wieder an den Frankfurter Flughafen, natürlich in Begleitung Betreuerinnen Galina und Natalja. Viele Tränen sind geflossen auf beiden Seiten, aber die Hoffnung auf ein Wiedersehen milderte den Abschiedsschmerz ein bisschen. Wir waren Gott von Herzen dankbar für alle Hilfe, die wir erfahren haben, für so viel Freude, die wir gemeinsam erleben durften und die Bewahrung während der ganzen Zeit.

Obwohl über die Hälfte der Spendensumme übrig blieb, starteten wir im nächsten Jahr keine neue Ferien Aktion. Zum einen, weil wir erfuhren, dass doch etliche Kinder gut betuchter Eltern schon zum wiederholten Mal mit in der Gruppe waren. Zum anderen sahen wir eine

Fernsehsendung, in der ein Arzt aus dem Sauerland eine ganz aktuelle Sicht der Lage aufzeigte.

Viele strahlengeschädigte Kinder benötigten dringend eine Untersuchung und Medikamente. Der von ihm gegründete Verein setzte sich neben der Organisation von Hilfsgüter-Transporten und Familienkontakten auch für den Aufbau einer Arztpraxis in Kiew ein. Dazu wurde noch vieles benötigt. Nach Absprache in unserem Team sahen wir es für sinnvoller an, mit dem restlichen Geld vielen Kindern vor Ort schnellstmögliche Hilfe zu bieten. Und so konnten wir dem Arzt, der häufig selber in Kiew war und unser volles Vertrauen besaß, eine stolze Summe von 50.000 Mark überreichen. Außerdem spendeten wir noch an einen anderen Ort 5.000 Mark für ukrainische Kinder.

Der Briefkontakt mit unseren Urlaubsgästen und deren Familien blieb eine Zeit bestehen, schwächte jedoch immer mehr ab. Mit etwas Wehmut las ich nach langer Zeit jetzt noch einmal die Briefe von unseren beiden Mädels. Immer wieder stellten sie uns die Frage, wann wir sie denn mal besuchen würden. Aber das war gar nicht so einfach. Allerdings starteten wir kurz nach ihrer Heimreise eine große Paketaktion zu Weihnachten mit warmer Winterkleidung und Stiefeln sowie Lebensmitteln und Süßigkeiten. Das bereitete allen noch mal viel Freude. Ganz besonders freute sich auch Familie Hoffmann aus Bröl, die den Kleinsten aus der Truppe aufgenommen hatte. Es war der achtjährige Sergej Dawydon, ein blasser und schmächtiger Junge. Er hatte als Reisegepäck nicht mehr als einen kleinen Pappkarton mit dem Allernötigsten darin, und seine Garderobe bestand aus dem, was er am Körper trug. So starteten wir spontan eine Aktion für eine Kleidersammlung auch für die anderen Kinder. Innerhalb weniger Tage bekamen wir Berge von

Kinderbekleidung, wie auch Spielsachen und Kuscheltiere. Damit konnten die daheim gebliebenen Geschwister noch mitversorgt werden.

Sergej machte der gastgebenden Familie, wie auch uns, in den ersten Tagen große Sorgen. Anscheinend hatte er sehr viel Heimweh und verweigerte das Essen. Aber mit Liebe und Geduld schaffte Frau Hoffmann es dann schließlich doch, seinen Appetit hervorzulocken, und er futterte sich in den vier Wochen ein kleines dickes Bäuchlein an. So war es gut, dass wir ein paar größere Hosen für ihn zur Verfügung hatten. Einige Zeit nach seiner Rückkehr in die Heimat erhielt die gastgebende Familie folgenden Brief:

Liebe Familie Hoffmann!

Zuerst möchten wir uns ganz herzlich bedanken für das, was Sie für unseren Sohn getan haben in Deutschland.

Diese Reise ist bei ihm in sehr guter Erinnerung geblieben. Er erzählt alles in der Schule seinen Freunden, ebenso seinen Eltern und Großeltern. Seine Gesundheit ist während des Aufenthaltes bei Ihnen sehr stabilisiert worden. Sein gesundheitlicher Zustand hatte uns bisher immer große Sorgen gemacht. Eine Zeit lang hat Sergej bei den Großeltern gewohnt, 50 km von Gomel entfernt. Dieses Gebiet ist jetzt nicht mehr bewohnbar wegen der radioaktiven Verstrahlung. Zu Hause war er viel krank und jetzt fühlt er sich sehr wohl. Das hat uns sehr beruhigt.

Hat Sergej Ihnen etwas von unserer Familie erzählt? Wir wohnen in einer Sozialwohnung in der Stadt Gomel. Das ist die zweitgrößte Stadt Weißrusslands nach Minsk und hat 5000 Einwohner. Sie ist nur 100 km entfernt von Tschernobyl.

Bis heute leiden wir noch immer an der schrecklichen Tragödie.

Unser ältester Sohn wird ausgebildet im Technikum. (Berufsschule). Mein Mann und ich arbeiten beide und verdienen so viel, dass es minimal zum Leben reicht.

Unsere Familie denkt, dass es nur eine Übergangszeit für Weißrussland ist und wir hoffen, dass wir später auch einmal so wie Sie in Deutschland leben können. Mit Hilfe von Deutschland werden wir uns bemühen, dieses Ziel zu erreichen. Vor allem unser Sergej interessiert sich für die deutsche Sprache. Er möchte gerne von uns ein deutsches Wörterbuch, und eine Kassette mit der richtigen Aussprache. Er bemüht sich, Deutsch zu lernen und hofft, wenn er mal wiederkommt, mit Frau Erika nur Deutsch sprechen zu können. Er regt seine Eltern dazu an, dass, wenn er Deutsch spricht, sie ihm auch in Deutsch antworten. Und das tun wir auch, so gut wir können.

Wir danken Ihnen für die Geschenke. Geben Sie bitte unseren Dank auch an Ihre Verwandten und Bekannten weiter. Dass es so etwas gibt, dass sich Familien für das Schicksal unserer Kinder in Weißrussland interessieren!

Wir wären sehr froh, wenn wir es Ihnen einmal danken könnten und wir würden es gerne doppelt zurückgeben.

Gott möge Euch helfen! Es grüßt die ganze Familie Dawydon.

Die Pflege von Onkel Adalbert und Tante Maria

Kurz nachdem die Kinder wieder in ihre Heimat abgereist waren, erreichte mich ein Anruf aus der Nachbarschaft, der ungeahnte und nachhaltige Folgen haben sollte:

Der Schwiegersohn eines älteren Ehepaares, das ich von Kindertagen an kannte, bat um Hilfe. "Onkel Adalbert", wie ich ihn nannte, konnte aus gesundheitlichen Gründen seine Frau, die "Tante Maria", nicht mehr versorgen. Sie litt unter Rheuma und saß im Rollstuhl. Da Mama zu diesem Zeitpunkt noch nicht ständig auf meine Hilfe angewiesen war, konnte ich dort im Haus einspringen. Ich machte das sehr gerne und die beiden alten Leute freuten sich jeden Morgen, wenn ich zu ihnen kam. Ich sehe sie im Geiste noch auf ihren angestammten Plätzen vor dem Esszimmerfenster sitzen. Wenn ich dann in die lange Auffahrt zu ihrem Haus einbog, muss er wohl immer gerufen haben: „Da kommt sie, da kommt sie!" So erzählte es mir Tante Maria einmal. Als Erstes musste ich dann immer noch einen Toast mit ihnen essen, obwohl ich doch zu Hause schon gefrühstückt hatte. Sie waren auch glücklich über die Unterhaltung und vielleicht ebenfalls darüber, etwas Neues zu erfahren. Onkel Adalbert war ein ganz lieber und ruhiger Mensch, wohingegen Tante Maria eher lebhaft war. Sie besaßen beide einen herrlichen, trockenen Humor, so dass wir trotz ihrer Beschwerden auch viel gemeinsam lachen konnten. Ich verrichtete alle anfallenden Arbeiten und ging nach dem Mittagessen nach Hause. Wir kochten jedoch gemeinsam, denn Tante Maria war eine leidenschaftliche und exzellente Köchin und Bäckerin. So backten wir auch im Advent, sie im Rollstuhl sitzend, das Weihnachtsgebäck. Da war sie immer voller Begeisterung dabei. Ihre Tochter mit Schwiegersohn und Enkelin, die in Düsseldorf wohnten, wurden reichlich mit diesen Leckereien versorgt, ebenso wie mit köstlichen Marmeladen und Gelees, die aus den vielen Früchten ihres Gartens zubereitet wurden. Onkel Adalbert war nämlich leidenschaftlicher Hobbygärtner. Dementsprechend fielen auch die hochwertigen Erträge aus. Ich erinnere mich noch ganz besonders an das letzte Weihnachtsfest mit den beiden.

Da sie stets unter kalten Füßen litten, hatte die Mama warme Socken für sie gestrickt, ich einen Christstollen gebacken und bunte Teller fertiggemacht. So zog ich am frühen Heiligabend mit meinem Keyboard, einem kleinen Lichterbäumchen und den Geschenken in das Haus Witkowski. Vorher quartierte ich aber die beiden in ein anderes Zimmer um, damit ich die Bescherung vorbereiten konnte. Und dann holte ich sie herein! Die strahlenden Gesichter werde ich nie vergessen! Ich las das Weihnachtsevangelium vor, wir sangen und beteten miteinander und dann folgte die Bescherung. Das war Seligkeit für sie, ebenso wie für mich. Als ich mich später verabschiedete, sagten sie mit Tränen in den Augen, das sei für sie das schönste Weihnachtsfest seit langer Zeit gewesen. Und das erfüllte mich mit großer Dankbarkeit.

Viel Grund zur Freude

Im Sommer 1993 trat Steffi mit Thomas vor den Traualtar, auch unser Schwiegersohn war uns willkommen. So konnte ich wieder eine Hochzeit vorbereiten und tat das ebenfalls mit viel Begeisterung und Ideen. Die beiden wurden in einer sehr schönen Kirche unserer Nachbargemeinde getraut. Ein ganz anrührendes Bild bot sich dem Brautpaar und uns allen, als wir aus der Kirche traten.

Viele Senioren aus dem Altenheim, in dem Steffi arbeitete, standen oder saßen in ihren Rollstühlen Spalier. Dazu hielten sie Blumen und Girlanden in den Händen. Die alten Gesichter strahlten und eine ältere Dame sagte zu mir: Unsere Steffi sieht ja wie eine Prinzessin aus! Ich glaube, es war für diese Menschen ein ganz großes Ereignis, zumal sie auch noch zum anschließenden Kaffeetrinken eingeladen waren. So wurde auch diese Hochzeit für das Brautpaar und uns alle ein unvergesslich schönes Fest.

Einen Monat später feierten wir schon wieder und zwar den achtzigsten Geburtstag meiner Mutter. Wenn ich sie einige Zeit vorher auf diesen besonderen Tag ansprach, sagte sie immer: „Das erlebe ich doch nicht." Es war so eine fixe Idee von ihr, dass sie dachte, weil keiner ihrer acht Geschwister auch nur annähernd dieses Alter erreicht hatte, sie als Jüngste das auch nicht erleben würde.

Obwohl Mama schon seit fast zehn Jahren an der Parkinsonkrankheit litt, außerdem Arthrose und Osteoporose sich stark bemerkbar machten, konnten wir diesen Geburtstag in großer Familien- und Freundesrunde in einem gediegenen Lokal sehr schön miteinander feiern. Ganz glücklich war sie, als ich am späten Abend als Letzte mit ihr nach Hause fuhr. Eine Woche später wurde dieser Geburtstag auch in unserem Seniorenkreis gefeiert. Zu diesem Kreis werde ich noch ausführlicher schreiben, denn er hat in den vergangenen zwanzig Jahren mein Leben sehr erfüllt, geprägt und bereichert.

Als besonderes Geschenk bekam Mama von uns Kindern und Enkelkindern eine Urlaubswoche im Sauerland. Das Schönste daran war für sie wohl die Tatsache, dass ich sie begleitete. Eine gemütliche Ferienwohnung, in der Eberhard und ich schon gute Zeiten miteinander verbracht hatten, war unser Domizil. Morgens frühstückten wir in aller Ruhe gemeinsam, hielten unsere Morgenandacht und hatten viel Zeit zum Erzählen. Dann spazierten wir in den kleinen Kurpark, wobei ich sie aber immer fest am Arm hielt, denn sie war schon sehr unsicher im Gehen. Nachmittags verbrachten wir bei Kaffee und Kuchen eine gemütliche Zeit im benachbarten Café und bummelten anschließend etwas durch das wunderschöne Örtchen. Abends im Bett fand das Erzählen kaum ein Ende. Wir schwelgten in der alten Zeit, die wir in Wilkenroth verbrachten, Mama erinnerte sich aber auch an ihre Kinder- und Jugendzeit in Wuppertal. Ganz besonders gerne erzählte sie davon, wie sie mit vielen Jugendlichen aus der Freien Gemeinde gesegnete Freizeiten in bekannten Heimen oder Jugendherbergen erlebte. Dort wurde sehr viel musiziert und gesungen, auch Mama spielte mit großer Freude Gitarre.

Als wir wieder einmal so manches Schöne aus der Vergangenheit miteinander teilten, sagte sie plötzlich: „Wer hätte das gedacht, dass wir beide so etwas gemeinsam erleben dürften. Es ist ja seit der Zeit, wo ich früher mit dir ganz alleine war, das erste Mal, dass wir so zusammen sind." Bei diesen Worten spürte ich, wie sehr sie diese Tage genossen hat. Das machte mich sehr glücklich. Obwohl wir doch beide im selben Haus wohnten, ich ihr viel Zeit widmete und sie auch versorgte, war dieses Beisammensein noch intensiver.

An einem Tag fuhren wir sogar mit dem Bus nach Winterberg. Das war für Mama ein Stück Nostalgie. Dort hatte sie vor vielen, vielen Jahren mit Papa und einem befreundeten Ehepaar einen schönen Urlaub verbracht. Wir suchten die Pension auf und das Café, in dem sie oft und gerne eingekehrt waren. Dabei tauchten viele Erinnerungen wieder auf.

Während ich das niederschreibe, durchströmt mich eine ganz große Dankbarkeit, dies alles mit Mama erlebt zu haben. Und es sollte noch viel mehr werden, denn sie wurde trotz fortschreitender Krankheit fast 94 Jahre alt. Bis zuletzt behielt sie ihre geistige Klarheit. Was für ein Geschenk des Himmels!

So wie das Jahr 1970 ein Jahr der Krankheiten in unserer Familie war, so war 1993 das Jahr der besonderen Feste. Denn zur Hochzeit von Steffi und Thomas sowie Mamas achtzigstem Geburtstag kam Anfang Januar mein fünfzigster und im August Christophs dreißigster Geburtstag. Und immer wurde gefeiert, Gott hat uns auch da reich beschenkt.

Im darauffolgenden Jahr 1994 fuhr ich noch mal mit Mama ein paar Tage nach Königswinter in ein schönes Hotel direkt am Rhein. Wir fuhren sogar mit der kleinen Bahn zum Drachenfels hoch, dort, wo sie vor gut fünfzig Jahren einmal gewesen war. Und wieder kehrten die Erinnerungen zurück. Einmal saß sie abends auf dem Balkon, klein, krumm und gebeugt durch ihre Krankheit. Ich konnte sie soeben über dem Balkongeländer erspähen, als ich von einem Spaziergang zurückkam. Nachdem ich mich zu ihr gesetzt hatte, sagte sie ganz ruhig: „Jetzt habe ich vom Rhein Abschied genommen. "An einem der nächsten Tage holte Eberhard uns ab, aber vorher machten wir zu dritt noch eine wunderschöne Schifffahrt auf dem Rhein bei herrlichem Sonnenschein.

Frauenkreis und Seniorenkreis Thierseifen

1960 gründeten christlich engagierte Frauen, zu denen unter anderen auch meine Mutter gehörte, den „Mütter-Kreis Thierseifen", der dann später zum "Frauenkreis Thierseifen" wurde. 1965 wurde auch ich zur Teilnahme in diesen Kreis eingeladen. Zu dieser Zeit oblag die Leitung der Pfarrfrau Änne Rühl, die zwar hingebungsvoll Bibelarbeit leistete, aber auch für uns junge Mütter sehr gute Erziehungshilfe-Themen mit anbot. Nach langer nutzbringender gemeinsamer Zeit übernahm ein Viererteam aus dem Kreis die gemeinsame

Leitung. Bis 2009 habe ich mich mit viel Freude und Einsatz in diese Teamarbeit eingebracht. Der Frauenkreis erlebte sehr gute Wochenendseminare in Bad Godesberg im Haus der Frauenhilfe, unvergessliche Ausflüge und regelmäßig alle 14 Tage Themenabende, zu denen bis heute Pfarrer und andere Referenten/Referentinnen eingeladen werden. In diesem Jahr, 2010, dürfen wir das fünfzigste Jubiläum dieses Frauenkreises feiern mit heute noch 35 Mitgliedern. Geplant sind ein Ausflug an die Mosel und an einem Sonntag ein Abendgottesdienst.

Ein großer Dank gebührt unserem Gott, der uns in all den Jahren begleitet hat.

Ein großes Anliegen war und ist mir heute immer auch noch der Seniorenkreis Thierseifen.

Nachdem in einem unserer Nachbarorte ein Seniorenkreis gut angelaufen war, kam unter einigen Frauen unseres Frauenkreises der Wunsch auf, ebenfalls einen Kreis für Senioren zu gründen. Rasch fand sich ein Team zusammen, und wir luden alle Seniorinnen und Senioren am 18. Mai 1982 zum ersten Mal in unser Vereinshaus Thierseifen ein. Mit Freude, aber auch banger Erwartung, ob überhaupt jemand kommen würde, sahen wir dem ersten Nachmittag entgegen. Es kamen tatsächlich zwölf Personen, mit denen wir an schön gedeckten Tischen Kaffee tranken, wir spielten gemeinsam, lasen Geschichten vor oder erzählten, sangen Lieder zur Gitarre und hielten kurze Andachten. Es war ein fröhliches Beisammensein, somit war der Anfang für eine Senioren-arbeit gemacht. Ab diesem Zeitpunkt trafen wir uns jeden ersten Montag im Monat von 15 bis17 Uhr. Unser Team hatte immer neue Ideen zur Gestaltung der Nachmittage, aber ganz wichtig war uns, den Mittelpunkt unseres Lebens, nämlich Gottes Wort, in Andachten, Liedern und Gebeten den alten Menschen nahe zu bringen. So drückt es auch der Leit-Vers aus, unter den wir unsere Arbeit stellten:

Das will ich mir schreiben in Herz und Sinn,

dass ich nicht nur für mich auf der Erde bin;

dass ich die Liebe von der ich lebe,

liebend an andere weitergebe.

So erreichten wir durch den Seniorenkreis auch viele Menschen, die sich ansonsten nicht zur Gemeinde hielten. Von Mund zu Mund sprach es sich herum, und immer mehr Mitglieder freuten sich, dazuzukommen. Ein Jahr später, im Juni 1983, machten wir schon einen erlebnisreichen Bus- und Schiffsausflug auf dem Biggesee mit 45 Personen. In den kommenden fast zwanzig Jahren erlebten wir miteinander sehr viel Unvergessliches in guter Gemeinschaft. Zeit und Liebe investierten wir, Freude und Dankbarkeit bekamen wir in reichem Maße zurück. Es war und blieb ein gegenseitiges Geben und Nehmen. Wieder einmal hatten wir so einen schönen und gesegneten Nachmittag zusammen erlebt, da sagte ganz spontan eine der Seniorinnen zum Abschluss: „Der hat sein Leben am besten verbracht, der die meisten Menschen hat froh gemacht. "Und das machte wiederum uns sehr froh!

Mir war es ein besonderes Anliegen, die alten Menschen zu motivieren, sich selbst mit einzubringen. Da denke ich z. B. an die vier Bücher, die in den Jahren geschrieben wurden, wir nennen sie unsere "Chroniken". Sie berichten von Treffen, den vielen Ausflügen, unzähligen Geburtstagsfeiern und Einladungen von anderen Kreisen. Alle sollten sich in diesen Büchern "verewigen", so nahm es jeweils ein anderer mit nach Hause, um einen kleinen Bericht niederzuschreiben. Später wechselten sich hauptsächlich zwei Frauen ab, die das sehr gerne machten. Doch wir vom Team sind auch reichlich darin vertreten.

Silberhochzeit 1987

Ein ganz besonderes Highlight war die Aufführung der Hitparade alter Stars. Hans Albers, Cläre Waldorf, Marlene Dietrich, Lale Andersen, Heinz Rühmann und die Comedian Harmonists rauschten über die Bühne in einem benachbarten Dorfhaus. So feierten die Oldies ein Comeback, als es durch den Saal tönte: "Komm auf die Schaukel, Luise", "Wer schmeißt denn da mit Lehm", "An der Laterne vor dem großen Tor" usw. Im passenden Outfit, Playback gesungen, war das eine faszinierende und mitreißende Aufführung. Die Künstler und Künstlerinnen wurden mit Applaus überschüttet. Das war für alle eine große

Bestätigung. Ich erinnere mich noch gut an eine 85-jährige Seniorin. Sie ging vorher zum Friseur und bat um eine passende Frisur, da sie die Lale Andersen darstelle. Allerdings war sie bei ihrem Auftritt verständlicherweise etwas aufgeregt. So hielt sie das Mikrofon anstatt vor den Mund, seitlich wie eine Blume in der Hand und gestikulierte wild damit herum. Das führte natürlich zu zusätzlicher Erheiterung. Die gleiche alte Dame spielte in einem Sketch anlässlich eines 85. Geburtstags eine Schülerin mit kurzem Röckchen und Schulranzen auf dem Rücken. Eine andere Endsiebzigerin spielte ebenfalls ein Schulmädel mit roter Pipi Langstrumpf-Perücke und meine Mutter, auch schon im vorgeschrittenen Alter, einen Schüler mit Bundhose und Pudelmütze. Noch mehrere traten auf in dem Stück: "Der Lehrer mit seinen Schülern." Und auch der spielte seine Rolle hervorragend, so wurde das Ganze ein Bombenerfolg. Noch zweimal musste die Aufführung an anderen Orten wiederholt werden, ich glaube, die Darbietung war fernsehreif. Wir haben diesen Sketch auf einem Videofilm festgehalten. Inzwischen ist die Aufführung eine sehr wertvolle Erinnerung, denn alle Beteiligten leben nicht mehr.

Jeder und jede Einzelne aus dem Seniorenkreis, es sind gewiss fast siebzig Personen, die im Laufe der Jahre dabei waren, ist mir noch ganz lebendig vor Augen. Zwei Menschen möchte ich an dieser Stelle herausgreifen und erwähnen. Sie waren einfach ganz besondere Originale. Da ist einmal Wilhelm, unser Alterspräsident. Er kam immer zu Fuß aus dem Nachbarort Wilkenroth, wanderte am Friedhof vorbei, wo er seiner Alma einen Besuch abstattete und traf dann freudestrahlend bei uns ein. Er hatte immer viele lustige Anekdoten aus früherer Zeit parat, die er zur Erheiterung aller in unserem heimischen Dialekt zum Besten gab. Das regte natürlich auch andere aus dem Kreis an, lustige und originelle

Begebenheiten aus der "guten alten Zeit" zu erzählen. Das motivierte mich damals, diese Geschichten in Verse zu fassen und ein Anekdotenbüchlein zu schreiben. Von den 500 Exemplaren besitze ich jetzt noch zwei Stück. Es ist bei allem Humor auch ein Stück Zeitgeschichte darin festgehalten. Darüber freuten sich Wilhelm wie auch die anderen Seniorinnen und Senioren sehr. "Genau so ist es gewesen" hörte ich sie nach dem Vorlesen "ihrer Geschichten" sagen. Was mir auch noch ganz besonders und bewegend in Erinnerung ist, dass Wilhelm an unserem Silberhochzeitstag, dem 15. September 1987, der erste Gratulant war, der am frühen Morgen telefonisch gratulierte. "Kind, das sind die Tage der Rosen", so begann er seine Gratulationsrede. Dann folgten natürlich alle Glück- und Segenswünsche.

Mit zitternder altdeutscher Handschrift trug er sich am zweiten Advent 1985 mit folgenden Zeilen in unsere Seniorenkreis-Chronik ein:

Wie heiter und lieblich, wenn unter Brüdern wie unter Schwestern die Eintracht wohnt, verlasse sie im Leben nie, dass sie sich nie entzweien;

und führe, dass sie sich ewig freuen. Führ sie zum Himmel ein.

Euer Alterspräsident Wilhelm Vogel.

Im April 1991 feierten wir in sehr großer Runde seinen 90. Geburtstag. Wilhelm führte sogar die Polonäse an, ich mit der Gitarre hintendrein. Und so zog die Geburtstagsgesellschaft in fröhlichem Gleichschritt durch das Wilkenrother Dorfhaus. Das war eine riesengroße Freude für ihn.

Aber auch der besinnliche Teil kam nicht zu kurz, und so trug der Jubilar unter anderem den Psalm 91 vor. Dieser war ihm wohl in seinem Leben sehr wichtig geworden. Nur drei Monate später ging Wilhelm heim und war endlich wieder mit seiner Alma vereint.

Ein Meuter unterm Bett

Gar manches hat sich in früheren Jahren
auf den kleinen Höfen so zugetragen;
wie auch diese humorvolle Geschichte,
von der ich nachfolgend nun berichte.
Im schönen Wilkenroth ist sie geschehn,
wo man die Jugend hat oft in Vogels Haus gesehn.
Es war zu Anfang der Zwanziger Jahre,
wo gegenseitige Hausbesuche noch gang und gäbe waren;
und manch einem tut es heute sehr leid,
dass es sowas kaum noch gibt in unsrer "modernen Zeit."
So kehrte die damalige Jugend gern ein
bei der " Vogels Tante " zu Halma, Mensch ärgere dich nicht
und anderen Spielerei' n.
Auch an jenem Abend konnte man sehn
einige Burschen sich' s machen bequem
in der großen geräumigen Stube
und legten gerade eine Herzdame As oder Bube.
Plötzlich steht einer unserer " Buben " auf,
es war der Öttchen aus dem Freischlägers Haus
und sagt zu den andern, die waren ganz platt:
"Ech chohn jätz heem, ech seng et satt!"
Zuvor hatte er jedoch dem Wilhelm noch was in's Ohr gesagt,
stiefelte dann los und rief: "Also, choot Nacht!"
Allmählich löste sich auch die andere Gesellschaft auf,
doch der Wilhelm sagte zum Heinrich kurz drauf:
"Looßen mie'r zwei us es schnell dobussen op de Schanzen setzen,
et könn seng, datt jelech noch flee'en de Fätzen;
un et sull mech es verlangen, watt datt noch chitt,

mr wullen es waden, bes dä Öttchen wie'er ronger kütt!"
Nun war zu Besuch, wie des Öftern schon mal,
bei Sohns die schöne Paula aus Wuppertal.
Zum Schlafen wurde sie bei der Vogels Tante einquartiert
und hat dort zusammen mit Frieda im Schlafzimmer campiert.
Das wusste der Freischlägers Öttchen auch wohl,
und er hatte einen Plan gefasst, den fand er ganz toll.
Ganz leise hat er sich in die jungfräuliche Kammer begeben
und dann mucksmäuschenstill unter dem Bett gelegen.
Heinrich und Wilhelm saßen derweil auf des Holzes Stapel
und erlebten nun folgendes Debakel:
Laut, deutlich und täuschend ähnlich
war ein langgezogenes Miauen aus der Kammer
vernehmlich;
und anschließend, das war nun Frieda gewesen:
"Mama, kumm es chanz flott met däm Bäsen!"
Zusätzlich hörte man sie noch rufen:
"Ech jelöw, mr hann dänn Freischlä'ers Mötter ongerm Bett
römm kruufen!"
"Schlooft Kenger, dann hätt datt Spell en Eng,
dä Mötter, dä strech doch e'ben noch bi dänn Sohns längs de
Wäng!"
So sagte die Vogels Tante und dachte bei sich:
De Katze en dr Schloofkamer, datt es doch lächerlech.
Jedoch kurz drauf wieder ein durchdringendes Miauen ertönt,
und Paula, als Stadtkind ein bisschen verwöhnt,
außerdem von Katzen nicht sehr angetan,
rief: "Frau Vogel, Frau Vogel, so hören Sie mich doch
wenigstens an,
ich habe entsetzliche Angst und weiß nicht mehr weiter,
unter unserm Bett liegt ganz gewiss der dicke Freischlägers
MEUTER!"
Nun kam die Tante aber doch mit dem großen Besen
und machte kein langes Federlesen.
Sie fuchtelte unter den Betten herum,
nur, dass es zur Zeit noch kein elektisches Licht im Haus gab,
war recht dumm.
Jedoch für den Öttchen sehr günstig zur Flucht,
der dann ganz schnell das Weite gesucht.

Sie aber hat wild drauflosgeschlagen
und dem Öttchen ging es an Kopf und Kragen.
Hatte die Tante trotz Dunkelheit doch sehr schnell erkannt,
was für eine Art Meuter sich unter dem Bett befand.
Sie war wütend und schrie: "Wo chitt et su chätt,
jätzen hann mr de Bällech alt onger dem Bett!"
Unterdessen hatte der Öttchen endlich die Türe erreicht,
wobei ihm die Besenhiebe Gehirn und Gesäß sehr erweicht
und ist zum größten Unglück von allem
auch noch die ganze Treppe heruntergefallen!
Zusätzlich zu dem schlimmen Malheur
die Tante wie ein Racheengel hinter ihm her.
Dann hat er aber instinktiv die Stube gesichtet
und ist in seiner Not dort hineingeflüchtet.
Hier konnte er sich glücklicherweise aus dem Fenster retten
und landete dann genau vor den " beiden Kadetten "
die auf dem Holzstoß hatten Posten bezogen
und sich nun schier vor Lachen bogen.
Der Öttchen jedoch rieb sich die schmerzenden Glieder
und jammerte: "Datt dohn ech nie on nömmer wie 'er!!!"

Die zweite "Originalität" im Seniorenkreis war Magdalena, unser "Posaunenengel". So erschien sie uns wirklich, als wir sie das erste Mal sahen. Recht füllig, ein rundliches, immer strahlendes Gesicht von hellblonden lockigen Haaren umrahmt mit roten Pausbacken und himmelblauen Augen.

Ich glaube, für sie war der Seniorenkreis Thierseifen die höchste Stufe ihrer Lebenserfüllung, zumal sie darin ihre große Leidenschaft, das Mundharmonika spielen, voll ausleben konnte. Und damit wurden wir reichlich über-schüttet. Mit der Zusammenstellung ihrer Vorträge hatte sie keinerlei Probleme. Nahtlos reihten sich Choräle, Rhein-, Wein- und Schunkellieder aneinander. Dazwischen trug sie ausdrucksvoll stets das gleiche originelle Gedicht für die

Geburtstagskinder des vergangenen Monats vor. Darin hieß es dann unter anderem für die 70-90-Jährigen:

"... ich wünsche dir ein langes Leben,

die guten Eltern treu daneben,

um auf dein Wohl ein Glas zu trinken,

in dem die goldenen Perlen blinken."

Anschließend hob sie in theatralischer Geste ihren kräftigen Arm und rief: „Prost!" Daraufhin brachen stets alle in ein schallendes Gelächter aus, was Magdalena aber als Applaus ansah. Mit zufriedener Miene gratulierte sie jedem persönlich und tat sich dann gütlich an der Kaffeetafel. Meist nahm sie fünf Stücke Kuchen und vier Tassen Kaffee zu sich. Auch darin war sie kaum zu bremsen.

Ein trauriges Leben hatte sie hinter sich. Als Kind mit vielen Geschwistern wurde sie ihren Eltern weggenommen und in einem Kloster untergebracht. Daher kannte sie sich bestens in der Bibel aus. Das war sicherlich noch eine gute Phase in ihrer Kindheit, denn die Nonnen behandelten sie nicht schlecht. Aber später wurde sie oft ausgenutzt. Da sie geistig nicht so ganz gesund war, bekam sie einen Vormund, der dafür sorgte, dass sie schließlich in das kleine Altenheim nach Bröl kam. Später wurde sie in einem noch entfernteren Heim untergebracht. Aber den Seniorenkreis versäumte sie nie und kam stets mit dem Bus zu uns. Auch vor Überraschungsbesuchen bei mir zu Hause war ich nie sicher. So erinnere ich mich noch gut an Heiligabend 1996. Nach der

Christvesper stand sie freudestrahlend vor unserer Haustür und wollte mit uns und der Familie diesen Abend feiern. Anschließend musste sie dann nach Hause gefahren werden. So ließ ich sie ein und verpackte rasch noch einige kleine Geschenke für sie. Dann begannen wir mit der Verlesung des Weihnachtsevangeliums, sangen die schönen alten Weihnachtslieder mit Klavierbegleitung, wobei auch Magdalena ihre geliebte Mundharmonika hervorholte. Was nun folgte, war für ein empfindsames musikalisches Ohr nicht gerade erbaulich. Aber unser Weihnachtsgast war selig. Und dann folgte die Bescherung! Über ihre Geschenke konnte sie sich freuen wie ein Kind, ebenso über das leckere Abendessen. Eberhard brachte sie später nach Hause, und ich war insgeheim meiner Familie sehr dankbar, dass sie Magdalena so akzeptiert und angenommen hatten.

Was ich jedoch auch nicht verschweigen möchte, ist die andere Seite von dieser Frau. Im Seniorenkreis oder auf den Ausflügen konnte sie manchmal sehr nervig und anstrengend sein, da sie einen extrem starken Willen hatte. Doch als sie mit der Zeit zunehmend stiller wurde, auch an Gewicht sehr abnahm, zeichnete sich eine Veränderung ab. Infolge einer Krebserkrankung wurde sie operiert. Ein paar Tage vor ihrem Tod besuchte ich sie noch im Krankenhaus. Den Anblick werde ich nie vergessen. Sie saß aufrecht im Bett, das Gesicht zart und durchleuchtet, die großen blauen Augen voller Freude auf mich gerichtet. Mein erster Gedanke war: Jetzt sieht sie aber ganz und gar wie ein Engel aus und ein Stück vom Glanz der Ewigkeit leuchtete mir entgegen. Ein großes Kuscheltier lag auf ihrer Bettdecke. Sie freute sich riesig über meinen Rosenstrauß und das kleine Heftchen. Dringend bat sie mich, einer Bekannten eine christliche Botschaft in Form eines Kalenderblattes weiterzugeben. Das war ihr sehr wichtig. Einige Tage später wurde sie von ihren

Schmerzen erlöst und starb im Altenheim. Sicher ist Magdalena jetzt inmitten der musizierenden Engel. Außer ihr habe ich noch keinen erwachsenen Menschen kennengelernt, der sich so strahlend und kindlich freuen konnte wie sie.

Im Laufe der Jahre wurde der Kreis zunehmend kleiner durch Tod oder Krankheit der alten Menschen. Die nachrückende Generation von Frauen blieb dann lieber in unserem abendlichen Frauenkreis, der schon seit weit über 40 Jahren besteht. So haben wir in unserem kleinen Ort eine sehr gute Gemeinschaft unter Gottes Wort. Als im Jahr 2001 die Seniorentreffen schon nicht mehr regelmäßig stattfanden, luden wir im Sommer 2002 noch einmal zu einem letzten Beisammensein ein. Wir hielten Rückschau auf 20 sehr schöne gemeinsame Jahre und dankten unserm Gott für alles, was er uns damit geschenkt hatte. Es war immer ein gegenseitiges Geben und Nehmen, so auch die Zusammenarbeit in unserem Dreierteam. Annedore, Marlene und ich nannten uns spaßeshalber einmal die "Annemarlonikas". Wir hatten alle unterschiedliche Gaben und jeder brachte sich damit in rechter Weise ein.

Für mich war es Abschied nehmen mit einem weinenden und einem lachenden Auge. Denn inzwischen hatte sich bei uns das dritte Enkelkind eingestellt, meine Mutter brauchte zunehmend mehr Hilfe und Pflege, und Eberhard befand sich nach 50 Arbeitsjahren im wohlverdienten Ruhestand. So stand jetzt die Familie wieder mehr im Vordergrund. Das Rentnerleben mit seinem ständigen Beisammensein der Eheleute von morgens bis abends ist jedoch wieder eine ganz neue Lebensphase und somit auch eine Herausforderung. Das bekamen wir ebenfalls zu spüren und das schon im Vorfeld.

Ohne „Beschäftigung"?

Eberhards Ausbildung bestand aus zwei Berufen. Zum einem erlernte er den Beruf des Werkzeugmachers, zum anderen den des Technischen Zeichners. Durch ein Fernstudium konnte er sich weiterbilden, wodurch er gute berufliche Möglichkeiten hatte. In vier soliden Firmen arbeitete er in verantwortlichen Positionen, wir waren dadurch als Familie finanziell gut versorgt. Als unsere Kinder etwas größer waren, kam immer mal wieder der Wunsch in mir auf, mit halben Tagen in meinem erlernten Beruf zu arbeiten. Doch regelmäßig wurde mir etwas anderes vor die Füße gelegt, womit ich zwar kaum Geld verdiente, was mich aber sehr erfüllte. Ich denke da an die Begleitung verschiedener Menschen, die mir noch sehr lebendig in Erinnerung sind.

Bis in die Ewigkeit

Da war zum Beispiel eine alte Dame aus unserem Ort, die ich durch unser Adventssingen in den Häusern kennenlernte. Das machten wir über viele Jahre mit ein paar Frauen, wir nahmen selbstgebackene Plätzchen sowie etwas Gebasteltes mit und sangen zu Gitarren- und Flötenmusik die schönen alten Weihnachtslieder. Das löste immer große Freude aus, so dass die alten Menschen im Advent schon darauf warteten. So auch die besagte alte Dame, die aus der Mark Brandenburg stammte und durch den Krieg in das Oberbergische verschlagen wurde. Sie war die Witwe eines Lehrers, der in den Kriegswirren mit einer Schulklasse nach Österreich geflüchtet war. Mich interessierte die spannende Lebensgeschichte dieser Frau sehr, so dass ich damals schon begann, ihre Biografie aufzuschreiben. Durch verschiedene Umstände konnte ich diese leider nicht zu Ende bringen. Aber ein intensives Verhältnis entstand zwischen uns, und ich besuchte sie, neben vielen anderen alten Menschen in unserem Ort, sehr oft. Inzwischen war sie fast erblindet und hatte große Mühe, sich noch alleine zu versorgen. So begann ich, ihr jeden Mittag frisch gekochtes Essen zu bringen. Darüber war sie sehr glücklich. Es war so viel, dass es sogar noch für die Abendmahlzeit reichte. Über ein leckeres Stückchen Kuchen freute sie sich auch sehr. Ich sehe noch ihr erwartungsvolles Gesicht am Fenster, wenn ich von uns aus über eine Wiese zu ihr herunterkam. Ich glaube, an manchen Tagen war das die einzige Abwechslung in ihrem stillen Alltag, obwohl sich die Vermieterin auch hin und wieder um sie kümmerte. Sie war eine intelligente, feine und sensible alte Dame, die sich viele Gedanken über Religion und das Christentum machte. Was mich damals sehr betroffen und nachdenklich machte, war ein Ausspruch von ihr. Sie sagte, dass sie sich immer vorgenommen habe, im Alter die Bibel zu lesen und nun könne sie es wegen der fortschreitenden Erblindung nicht mehr tun. Mir wurde dadurch besonders stark bewusst, wie wichtig es ist, die Verbindung mit Gott, Jesus Christus und seinem Wort schon früh zu suchen. Immer wieder sprach ich ihr Mut machende Bibelverse zu und war erstaunt, an was sie sich aus Kindertagen erinnerte. Selbst nun schon fast neunzigjährig, erzählte sie mir, was ihre Mutter von dem Sterben der eigenen Mutter berichtet hatte. Sie sei ganz alleine mit ihr gewesen und in die Stille hinein habe die Sterbende plötzlich folgendes Gebet gesprochen:

"Ich armer Mensch, ich armer Sünder, steh hier vor Gottes Angesicht.

Ich bitte dich, verfahr gelinder, und geh mit mir nicht ins Gericht.

Erbarm, erbarm, erbarme dich, du mein Erlöser über mich."

Dann habe sie empfunden, als sei ein kalter Lufthauch durch das Zimmer geweht, der die Seele der Entschlafenen mitgenommen habe. Dieses Gebet wurde etwa um 1840 gesprochen.

Mich bewegte die mündliche Überlieferung dieses Gebetes sehr stark, und ich erinnere mich auch noch daran, was ich spontan daraufhin zu meiner alten Freundin sagte: „Wenn wir das aus vollem Herzen als Letztes sprechen oder denken, so wird Jesus sicher antworten wie dem Schächer am Kreuz:

Noch heute wirst du mit mir im Paradiese sein.

Kurz vor ihrem Tod besuchte ich sie noch einmal bei ihrer Enkelin, die sie später zu sich genommen hatte und pflegte. Da spürte ich wieder ihre zweifelnden Fragen und sagte ihr als Ermutigung und Zuspruch die Worte aus Johannes 3,16:

Also hat Gott die Welt geliebt, dass er seinen eingeborenen Sohn gab,

auf dass alle, die an ihn glauben, nicht verloren gehen,

sondern das ewige Leben haben.

Ob ich ihr damit helfen konnte, ich weiß es nicht. Vielleicht werde ich es in der Ewigkeit erfahren und würde mich dann sehr freuen!

Eine andere Sterbebegleitung machte ich in unserem Nachbarhaus. Erika, meine Freundin, starb 1972 mit 34 Jahren an Magenkrebs. 1975 wurde ihre Mutter von der gleichen Krankheit heimgesucht und viele Jahre vorher ihre Großmutter. Erika war ein Mensch, der einen herrlichen angeborenen Humor hatte. Wo sie auftauchte, verbreitete sie Lachen und Fröhlichkeit durch ihre Frohnatur. Dieses mitreißende Lachen, wie auch der ansteckende Humor blieben uns erhalten durch eine ihrer beiden Töchter, die im Elternhaus wohnt. Sie hat diese schöne Veranlagung geerbt, und besonders im Sommer bekommen wir über den Gartenzaun hinweg davon etwas mit.

Die Geburt unser ersten Enkelkindes

Das Jahr 1995 war ein besonderes für uns und brachte eine ganz große Freude. Eberhard und ich sollten Großeltern werden. Endlich wurde Wirklichkeit, wonach Andrea und Christoph, aber auch wir uns schon länger sehnten: einem Kind und Enkel. Der errechnete Geburtstermin lag bei Mitte September. Lange vorher hatte ich den Stubenwagen, in dem auch schon Christoph und Steffi ihre ersten Monate verbrachten, schön vorbereitet. Ganz zu Anfang der Schwangerschaft bekamen wir von unserer Schwiegertochter die erste Ultraschallaufnahme unseres Enkelkindes und erlebten so die weitere Entwicklung sehr intensiv mit, zumal Christoph und Andrea im Nachbarhaus wohnten. Wie oft stand ich vor dem Stubenwagen und stellte mir vor, dass da bald ein neuer kleiner Erdenbürger drin liegen würde. Da ich sehr gerne zum Zeitpunkt der Geburt zu Hause sein wollte, fuhren Eberhard und ich schon Mitte August in Urlaub. Ich erinnere mich noch sehr gut daran, wie wir in Wittdün, auf der kleinen Nordseeinsel Amrum, ein paar winzig kleine Turnschuhe kauften. Der Verkäufer frug angesichts der kleinsten Größe, wie alt denn das Kind sei, worauf ich lächelnd erwiderte, dass es noch gar nicht geboren sei. Sicher hat er mich ein bisschen für verrückt gehalten, was aber meiner Vorfreude keinen Abbruch tat. Und so kamen wir am 2. September mit dieser erwartungsvollen Freude im Reisegepäck wieder nach Hause. Der erste Anruf ging natürlich ins Nachbarhaus. Doch niemand meldete sich dort. Etwas später versuchte ich es bei Freunden unserer Kinder, aber auch da gab es keine Information. Das kam mir etwas seltsam vor, so dass ich, einer spontanen Eingebung folgend, im Waldbröler Krankenhaus anrief. Ich ließ mich sofort mit dem Kreißsaal verbinden und frug den Arzt am Telefon, ob vielleicht eine Frau Seibel anwesend sei. Er bejahte das und gab mir sofort unseren Christoph, welcher voller Stolz und Erleichterung sagte: „Mama, soeben ist der Pascal angekommen!" Das war natürlich eine ganz große freudige Überraschung, zumal auch alles gut verlaufen war. Innerhalb von zweieinhalb Stunden Geburt hatte Andrea es geschafft, den eiligen Pascal auf die Welt zu bringen. Am anderen Morgen fuhren wir in das Krankenhaus und begrüßten unser erstes Enkelkind, das mit seinen 3280 Gramm und den vielen dunklen Haaren auf dem Köpfchen ein kräftiges und schönes Baby war. Nun konnte ich endlich den Stubenwagen seiner Bestimmung übergeben und trug ihn in das Nachbarhaus. Ein kleines Steiftier legte ich zum Empfang noch hinein und einen schönen Bildband: *Willkommen, kleiner Gast*. Für die Mama natürlich einen Blumenstrauß. Christoph und ich fuhren in mehrere Möbelgeschäfte und kauften eine Wickelkommode. So war alles gut vorbereitet und fertig zum Empfang. Pascal entwickelte sich in den kommenden Monaten recht gut und machte uns sehr viel Freude. Ein Kinderbett mit Himmel stand auch bei uns für ihn bereit, so dass er darin schlafen konnte, wenn seine Eltern mal etwas vorhatten. Am 6. Januar 1996 wurde Pascal von Pfarrer Jochen Gran in unserem Vereinshaus Thierseifen getauft. Er bekam den Taufspruch aus Psalm 119 Vers 105:

Dein Wort ist meines Fußes Leuchte und ein Licht auf meinem Wege.

Im unteren Saal des Vereinshauses feierten wir im Familienkreis und mit den Paten ein schönes Tauf-Fest. Zu diesem Zeitpunkt und auch später hatte es keiner von uns für möglich gehalten, dass dieses gute Familienleben so schnell auseinanderbrechen würde.

Krankheit und Neuanfang - eine unerwartete Chance

Einen Frühling und Sommer, den ich nie vergessen werde, weil sich mein Leben veränderte, war der im Jahr 1996. Genauer gesagt, Gott veränderte mein Leben, und ich weiß jetzt, was es heißt, ein wiedergeborener Christ zu sein. Das war für mich bis dahin ein nebulöser und unverständlicher Begriff. Mir ging es gesundheitlich seit mehreren Monaten nicht gut, zeitweilig sogar sehr schlecht. Das äußerte sich in panikartigen Herzanfällen. Hauptsächlich überfielen mich diese Attacken im Ruhezustand, also meistens nachts. Dann wurde unser Hausarzt gerufen, er gab mir eine Beruhigungsspritze und bestellte mich für den anderen

Morgen in seine Praxis. Das durchgeführte EKG war aber immer in Ordnung, auch die weiteren Untersuchungen ließen keine organische Erkrankung erkennen. Zu dieser Zeit bekam ich eine Vorahnung, dass andere Dinge die Ursache meiner Beschwerden sein müssten. Deshalb machte ich einen Termin in einer Beratungsstelle, die zu unserer Kirchengemeinde gehört. Fast gleichzeitig wurde ich von einem Professor in unserer Klinik auf eine Herzerkrankung untersucht, wobei jedoch wieder keine organische Ursache festgestellt wurde. Nach einigen Fragen bezüglich meiner Kindheit und dem Verhältnis zu meinem Vater riet er mir zu Beratungsgesprächen. Doch das hatte ich ja schon in die Wege geleitet. Es lag also ziemlich klar auf der Hand, dass für meine Beschwerden psychosomatische Störungen die Auslöser waren. Im Verlauf des zweiten Gespräches in der Beratungsstelle wurde mir vorgeschlagen, eine stationäre Therapie zu machen. Außerdem wurde mir auch eine gute Fachklinik im Schwarzwald empfohlen, die auf christlicher Basis arbeitete. Heute noch höre ich mich antworten, dass ich das wohl gerne möchte, aber es nicht möglich sei. Der Grund wäre meine 83-jährige Mutter, die in unserem Haus wohne und pflegebedürftig sei. Der Therapeut war jedoch anderer Ansicht, und gab zu bedenken, dass meine Mutter dreißig Jahre älter sei als ich. Es sei jetzt sicher an der Zeit, etwas für mich und meine Gesundheit zu tun. Auch könne er sich vorstellen, dass es das richtige Haus für mich sei, zumal er einige Therapeuten persönlich kenne. Das war für mich eine große Ermutigung. So wurde ich aus dem Gespräch entlassen mit dem Hinweis, dass ich es mir überlegen solle. Das tat ich dann auch, allerdings nicht, ohne meinen Mann und unsere Kinder mit- einzubeziehen. Doch die standen alle sofort hinter mir, was ich von meiner Mutter nicht sagen kann. Wie unsere Steffi mir später einmal sagte, muss sie sich wohl so geäußert haben, dass ich doch immer so fröhlich gewesen sei. Das stimmte jedoch nur zum Teil. Einerseits wollte ich vor ihr, der alten und auf Hilfe angewiesenen Frau, nicht zeigen, wie schlecht es mir wirklich ging. Andererseits nahm sie es aber auch gar nicht wahr oder wollte es nicht, wenn ich ihr erzählte, wie schlecht mal wieder eine Nacht gewesen war. Auch meine häufigen Arztbesuche oder das Aufsuchen der Notaufnahme im Krankenhaus blieben ihr ja nicht verborgen. Doch gestärkt durch meine Familie, entschied ich mich für diese Kur!

Nach dieser Entscheidung passierten erstaunliche Dinge, von denen ich heute weiß, dass sie von Gott gelenkt und bestimmt wurden. Als Erstes musste nun geklärt werden, wer meine Mutter während meiner Abwesenheit versorgen konnte. Ohne lange nachgrübeln zu müssen, kam mir ihre Freundin Hilde in den Sinn. Sie wohnte in Barmen, war aber schon des Öfteren bei uns im Haus um Urlaub zu machen. Also schrieb ich einen Brief, in dem ich ihr unsere Lage schilderte. Schon am nächsten Tag kam ihr Anruf, und ich höre noch die freudige Stimme am Telefon: „Monika, du kannst in Kur fahren, ich komme sehr gerne!" Das war für mich wieder eine Ermutigung, die Sache weiter in Angriff zu nehmen. Mein Hausarzt stellte ohne weiteres einen Kurantrag aus, machte mir aber keine Hoffnung auf eine schnelle Zusage. Er meinte sogar, dass diese Kliniken bis zu einem Jahr Wartezeit hätten. Und nun passierte das erste Wunder, ich kann es wirklich nicht als etwas Anderes bezeichnen! Unserem Briefträger gab ich diesen Antrag mittags mit, und am anderen Vormittag bekam ich von unserer Krankenkasse den Anruf, dass meine Kur genehmigt sei! Wobei noch zu sagen ist, dass wir nicht privat versichert sind. Ich war sehr überrascht und äußerte den Wunsch, ob ich in die mir empfohlene Klinik gehen könne. Dazu bekam ich die Rückmeldung, dass die Krankenkasse nicht mit allen

Häusern dieser Kategorie Verträge habe, aber man würde nachschauen. Kurz darauf erhielt ich die Zusage und somit die Möglichkeit in dieser Klinik eine Therapie zu machen. Da es nur wenige Einzelzimmer gab, musste ich abwarten, bis eins frei würde. Doch nach ebenfalls kurzer Zeit kam die Mitteilung, dass ich in drei Wochen meine Kur antreten könne. Da wurde mir langsam bewusst, dass ich so schnell wie möglich in eine Behandlung kommen sollte. Und warum das so sein sollte, erfuhr ich, nachdem ich bereits zwei Wochen wieder zu Hause war.

Mitte April 1996 war es dann soweit. Tante Hilde, wie wir sie nannten, reiste an, und ich reiste ab. Natürlich brachte Eberhard mich in die Klink, und während der langen Autobahnfahrt kreiste mein ganzes Denken nur um die Frage, was mich in dieser Klinik wohl erwarten würde. Da gab es als Erstes eine große Überraschung. Wir wurden auf mein Zimmer geführt, ein gemütliches kleines Einzelzimmer, und auf dem Tisch stand ein herrlicher Blumenstrauß. Ich habe bisher nie eine solch schöne Zusammenstellung von Blumen in allen Farben gesehen. Neben der Blumenvase stand eine Karte, geschrieben in sehr liebevollen Worten von unserer Tochter Steffi. Ich fiel Eberhard weinend in die Arme. Darüber war er so überrascht, dass er nur immer sagte, ich solle mich doch freuen. Das tat ich ja auch, allerdings mit Freudentränen. Wie schwierig ist es oft, als Mann die Gefühle einer Frau zu verstehen. Und das ist eben "der kleine Unterschied!" Dann wurden wir durch das Haus geführt und mit mir noch eine weitere junge Frau, die gerade angekommen war. Ausgerechnet Kerstin, wie sie hieß, wurde mir schon in den ersten Tagen meines Klinikaufenthaltes eine liebe Freundin. Sie war ein kleines zierliches Persönchen und sehr zurückhaltend. Zu uns gesellte sich Christa, vom Typ her eine ganz andere Person. So machten wir zu dritt schöne

Wanderungen in der freien Zeit und führten gute Gespräche. Ich empfand dabei ein grenzenloses Gefühl von Freiheit, und das Empfinden, von allen Anforderungen und Belastungen befreit zu sein. Darin wurde ich auch unterstützt von den Ärzten und Therapeuten. In einem unserer ersten Gespräche wurde mir gesagt, ich zitiere wörtlich: „unser Ziel für Sie ist es, Sie als Egoistin nach Hause zu schicken!" Das klang für mich sehr kurios und übersteigert, doch inzwischen weiß ich schon lange, was damit gemeint war. Da ich sehr gerne etwas mit anderen und für andere Menschen machte, hatte ich mich derart übernommen, dass ich völlig überfordert war. Meine Herzattacken waren ein Warnsignal, und unsere Steffi sagte später einmal zu mir, sie habe den Eindruck gehabt, es sei "kurz vor zwölf gewesen." So sehe ich es im Nachhinein auch, und kann immer wieder voller Dankbarkeit sagen, dass Gott mich geführt und geheilt hat. Jedoch war das ein Weg, der nicht so ganz einfach und mühelos war. Unter den Mitpatienten waren sehr viele junge Menschen, auch Mütter mit kleinen Kindern. Es belastete, ja erschütterte mich regelrecht, so viel an seelischen und körperlichen Nöten mitzuerleben. Wir hatten Gespräche in Kleingruppen, sowie auch Einzelgespräche mit den jeweiligen Ärzten und Therapeuten. Als ich das erste Mal an unserem Gruppen-gespräch teilnahm, bekam ich durch das, was manche erzählten, solch starke Herzbeschwerden, dass ich weinend auf mein Zimmer lief. Ich saß, mit meinen Kräften am Ende, völlig fertig und tränenüberströmt da, dachte aber auch daran, dass ich eigentlich wieder runter gehen müsse. In dem Moment kam eine junge Praktikantin zu mir, ein junges, liebes "Schwarzwaldmädel" und hörte sich meine ganze Not an.

Danach bat sie mich, doch wieder mit in die Gruppe zu gehen, es seien ja jetzt nur noch zwei da. Ich fasste es so auf, dass nur noch zwei Patienten anwesend seien. Das war jedoch ein Missverständnis, und ich erschien mit dick verquollenen Augen vor versammelter Mannschaft. Nun war es so, dass die beiden Letzten noch zu Wort kamen. Ich weiß, wie sehr ich mich geschämt habe, aber da musste ich durch, und durch vieles andere auch noch. Was sehr beeindruckend, aber auch gleichzeitig erschütternd für mich war, war, wenn auf Wunsch ein Familien-Genogramm erstellt wurde. Das spielte sich folgendermaßen ab: Der Patient bat verschiedene Personen aus der Kleingruppe um die Bereitschaft, seine Familie darzustellen. Daraufhin stellte er die betreffenden Familienmitglieder zusammen oder auch auf Abstand. Somit war es für uns als Betrachter schon sehr gut zu erkennen, in welchem Verhältnis er zu den Einzelnen stand. Und dann begannen die Gespräche! Fragen über Fragen, auf die der Angesprochene oft nur sehr schwer, wenn überhaupt, eine Antwort fand. Dabei wurde mir stark bewusst, wie schwierig es ist, auf die Frage nach Fehlverhalten in der Kindererziehung eine schlüssige und plausible Antwort zu geben. Wir alle waren bei der Erstellung und Durchführung dieser Genogramme immer sehr gefordert, zum Teil auch überfordert.

Jedoch war es sehr schön, in den darauffolgenden Tagen mitzuerleben, wie die Arbeit Früchte trug. Veränderte Menschen begegneten uns, und der Heilungsprozess begann. Bevor ich jedoch Erinnerungen an viele Mitpatientinnen und -patienten wachrufe, möchte ich von dem erzählen, was sich bei mir im Verlauf der Kur und Therapie ereignete. Denn das war und ist zum Staunen!

Der große Lichtblick

In einer der ersten Nächte bekam ich einen dermaßen starken Herzanfall, dass ich die Nachtschwester zu Hilfe rief. Sie wollte mir ein Medikament zur Beruhigung geben, was ich aber ablehnte. Alles in mir wehrte sich gegen eine kurzfristige "Betäubung", ich wollte der Sache auf den Grund gehen. Und dabei ist mir Gott zu Hilfe gekommen, denn er begann, meine Füße wieder auf festen Grund und Boden zu stellen. Mir wurde nach dieser Nacht auch klar, dass ich bei einer weiteren Attacke die Schwester nicht mehr rufen könne, da ich ja Hilfe in Form von Medikamenten ablehnte. Und genau das sagte sie am anderen Morgen wörtlich zu mir. In der nächsten Nacht wiederholten sich meine Herzbeschwerden noch stärker, so dass ich mich dem Tod ganz nahe glaubte. Da kam mir urplötzlich ein Lied Vers in den Sinn:

Ob es jetzt gleich kracht und blitzt,

ob gleich Sünd und Hölle schrecken,

Jesus will mich decken.

Krampfhaft überlegte ich, woher ich diese Worte kenne. Doch plötzlich, in all meinen kreisenden Gedanken und großer Herz- Not, hatte ich einen Lichtblick. Das haben wir ja vor vierzig Jahren im Gemischten Chor Thierseifen gesungen, es gehört zu dem Lied: Jesu meine Freude. Und dann gab es für mich den im wahrsten Sinne des Wortes "großen Lichtblick", den ich in meinem ganzen Leben nie mehr vergessen werde. In meiner schrecklichen Not und Bedrängnis stand ich auf und ging ans Fenster. Da sah ich in der Dunkelheit der Nacht ein großes gleißendes Lichtdreieck, daneben einen schmalen Lichtstrahl, so, als ob aus einem erleuchteten Zimmer durch einen Türspalt Licht in die Dunkelheit fiel. Ich starrte auf dieses Phänomen, und sofort meldete sich der Verstand. Steht da vielleicht ein Schild, das angestrahlt wird? Ich ging ins Bett und grübelte darüber nach, stand wieder auf und schaute nach. Das Lichtdreieck stand unverändert da, und ich nahm mir vor, direkt am andern Morgen nachzuschauen. Noch mehrere Male stand ich in dieser Nacht auf, aber ich sah, was ich sah - das Licht in der Dunkelheit! Doch als der Morgen dämmerte, war nichts mehr zu sehen. Allerdings stieg da schon leise der Gedanke in mir auf, ob das vielleicht ein Engel gewesen sein könnte. Denn ich hatte am Vortag ein Buch gelesen, in dem eine Frau eine besondere Situation beschrieb. Sie sah mitten im Menschengewühl einer Großstadt eine Engelsgestalt, aber die Menschen hasteten alle an ihr vorbei, ohne sie zu bemerken. So fragte sie sich, ob denn keiner, außer ihr, den Engel gesehen hat. Nachdem ich das gelesen hatte, ging ich von der Klinik aus auf eine Anhöhe, um einen größeren Spaziergang zu machen. Meine Gedanken kreisten sehr intensiv um die Frage, ob es das wirklich gibt, dass ein bestimmter Mensch etwas sieht, was anderen verborgen bleibt. Und dann sah ich in der darauffolgenden Nacht an dieser Stelle das Lichtdreieck! Nun war ich sehr gespannt auf die nächste Nacht. Wieder sah ich das Dreieck mit dem Lichtstrahl daneben, und genau an der gleichen Stelle.

Körperliche Heilung

Von da an ereigneten sich wunderbare Dinge bei mir, die zur Heilung führten! Als Erstes wurde mein Körper allmählich wieder gesund. Die Herzbeschwerden waren nicht mehr so heftig, wenn sie auftraten. Ich stand morgens zeitig auf, um im hauseigenen Hallenbad zu schwimmen. Das habe ich so richtig genossen. Oft war ich ganz alleine, weil viele Patienten sich nicht aufraffen konnten, so früh aufzustehen. Dann zog ich ganz ruhig meine Bahnen und konnte dabei über eine herrliche Schwarzwaldlandschaft blicken. Die Klinik war wunderschön auf einer Anhöhe gelegen. Man gelangte zur Nordseite hin sofort auf den sogenannten Kapf, ein großes Wachholderschutzgebiet. Von der Südansicht her bot sich einem ein unendlich weiter Blick über viele kleine Schwarzwalddörfer. Die Häuser sahen wie Spielzeughäuser aus. An manchen Tagen nahm ich aber auch am Frühsport oder Joggen teil, was mir ebenfalls gut tat. Wenn ich keine Therapie hatte, lieh ich mir ein Fahrrad aus und radelte damit über die Dörfer. Ich machte kilometerlange Wanderungen durch die herrliche Maiennatur, meistens sogar alleine. Ich staunte oft selber darüber, dass ich keinerlei Angst hatte, auch durch dunkle und einsame Wälder zu gehen. Das alles tat mir unendlich gut, und nach jedem meiner Ausflüge gab es viel zu erzählen. Einige meiner Bekannten, die ich inzwischen schon hatte, waren immer sehr gespannt darauf zu hören, was ich wieder alles erlebt hatte. Ich hatte manchmal den Eindruck, sie bewunderten und beneideten mich deshalb auch ein wenig. Ziemlich zu Anfang wurde ich häufig gefragt, ob ich nicht mit ihr oder ihm spazieren gehen wolle, in einem Gebetskreis mitmachen möchte oder gar zu einem Gespräch auf meinem Zimmer bereit sei. Aber damit wäre ich zu diesem Zeitpunkt völlig überfordert gewesen, hatte ich doch noch mit mir selber genug zu tun. Das wurde mir aber auch ganz deutlich von den Therapeuten zu verstehen gegeben: „Jetzt sind Sie mal dran!" So konnte ich den Frühling richtig genießen und sehe noch immer die herrlichen grünen Wiesen in unendlicher Weite, übersät mit abertausenden von gelbem Löwenzahn, der in voller Blüte stand. Auch der Weißdorn zeigte sich in prächtiger Blüten-pracht, davon gab es meterlange, sehr hohe Hecken, genannt das "Heckengoy". Die Obstbäume standen dem allen nicht nach, und hatten ihre zarten Blütenkleider in feinstem Schmuck angelegt. Wohin man auch sah, es war ein Blütenmeer ohne Ende. Eberhard besuchte mich an jedem Wochenende, dann wanderten oder radelten wir gemeinsam durch die traumhafte Natur. Er hatte dann ein Doppelzimmer gebucht bei Leni, einer ganz originellen und lieben alten Dame. Dazu musste ich Wochenendurlaub beantragen und durfte als "Kurschatten" neben meinem Mann auch bei Leni campieren. Am Sonntagmorgen fuhren wir immer nach Altensteig in den Gottesdienst. Dort gab und gibt es eine große charismatische Gemeinde, von der ich später noch ausführlicher berichte.

Seelische Heilung

Mir ging es nach einer Woche Kuraufenthalt körperlich so gut, dass ich, optimistisch wie ich bin, meinte, nun wäre alles in Ordnung. Aber das war weit gefehlt. Als wir wieder einmal in der Kleingruppe zusammen waren und jeder erzählte, wie es ihr oder ihm ging, bekam ich erneut starke Herzbeschwerden. Ich konnte es einfach nicht verkraften, wenn zum Beispiel eine junge Frau erzählte, dass sie als Kind jede Nacht von ihrem Stiefvater vergewaltigt worden sei. Sie hatte dadurch natürlich große Probleme, ja, sie klagte Gott an, dass er ihre Schreie um Hilfe wohl nie gehört habe. Solche und ähnlich schlimme Erfahrungen zu hören, führten dazu, dass es mir dann schlagartig sehr schlecht ging. Das sagte ich auch zu einem der Ärzte. Ich fragte ihn ganz verzweifelt, warum ich denn jetzt wieder so reagiere, es sei mir doch schon gut gegangen. Die Antwort, die ich bekam, wird mir unvergesslich bleiben. Er sagte, dass alle Patienten, die in der Klinik seien, schon nach einer Woche gesund wären. Dabei sah er mich grinsend an und ich hatte verstanden. Weil ich mich körperlich so fit fühlte, glaubte ich, es sei alles in Ordnung. Aber Seele und Geist waren noch nicht gesund, sie hinkten weit hinterher. Doch auch da sollte sich gewaltig etwas tun! Es ging unter den Patienten wie ein Lauffeuer von Mund zu Mund, dass der ihnen bekannte und scheinbar sehr beliebte Musiktherapeut von einer großen Reise zurückgekommen sei. Die Gespräche und Bemerkungen über ihn waren so, dass ich den Eindruck hatte, ein Halbgott würde ab jetzt unter uns weilen. Ich bekam diesen Mann am nächsten Morgen zu sehen, da er die Lobpreisandacht hielt. Ich war ganz begeistert von seiner Musikalität und der Art und Weise, wie er uns alle mitriss. Auf der anderen Seite machte er auf mich einen sehr strengen und dominanten Eindruck, hinter dem ich Liebe und Wärme vermisste. Das flößte mir unwillkürlich Angst ein und machte mir Druck. Doch, so absurd es auch klingt, gebrauchte Gott diesen Mann, um mich von Druck und Angst zu befreien. Und das geschah auf folgende Art und Weise: Ich muss gestehen, dass ich von Musiktherapie überhaupt keine Vorstellung hatte und mir infolgedessen auch nicht denken konnte, wie mir dadurch geholfen werden könne. Aber Gott hat immer Mittel und Wege, von denen wir oft keine blasse Ahnung haben. In dem Raum, in dem wir uns befanden, waren sehr viele Musikinstrumente, auch etliche, die mir ganz fremd waren. Aber es machte Spaß, diesen zum Teil exotischen Instrumenten, Töne zu entlocken. So probierte ich manches aus. Dann aber entschied ich mich für eine Trommel, die ich tüchtig bearbeitete, teils laut, teils leise. Mir fiel allerdings nach kurzer Zeit auf, dass ich immer mit einem Ohr hinhorchte, was meine Mitpatienten musikalisch von sich gaben. Nun versuchte ich, dazu im Takt zu spielen, sprich, zu trommeln. Also anpassen, anpassen, anpassen. Der Therapeut saß etwas abseits und beobachtete wohl jeden Einzelnen, was mir aber zu dem Zeitpunkt nicht auffiel.

Nach Beendigung dieses musikalischen Selbstfindungs-
prozesses wurde jeder gefragt, was er selber meinte, gespielt
zu haben, und gebeten, das zu interpretieren. Da ich im
Wechsel mal laut, mal leise getrommelt hatte, glaubte ich
mich so zu verstehen, dass noch viel Unruhe in mir, aber
auch schon eine gewisse Ruhe eingekehrt sei. Doch hier
zeigte sich mal wieder eine Fehleinschätzung meiner selbst,
und das wurde mir unverblümt gesagt. Ruhe, so meinte der
Therapeut, davon könne wohl keine Rede sein, das sei eher
die Ruhe vor einem Sturm oder Vulkanausbruch! Damit hatte
er vollkommen recht, denn der ereignete sich kurze Zeit
später in Form einer erneuten schweren Herzattacke.
Nachdem wir uns wieder in der Gesprächsrunde
zusammengesetzt hatten, berichtete jeder über seine
Erfahrungen. Da kamen mir solch erschütternde Erlebnisse
zu Ohren, dass ich es nicht mehr ertragen konnte. In meiner
Not stürmte ich aus dem Raum, lief raus auf die angrenzende
Wiese und setzte mich dort auf die Schaukel. Ich schaukelte
so lange, bis ich meinte, mein Gleichgewicht einigermaßen
wiedergefunden zu haben. Dann ging ich wieder in den
Übungsraum, aber mit schlechtem Gewissen, weil ich die
Gruppe verlassen hatte. Der Therapeut fragte nach dem
Grund meines Weglaufens, und ich erklärte es ihm. Nun
passierte Folgendes: Ich wurde von ihm gefragt, ob es mir
recht sei, wenn er mit mir und für mich beten würde. Natürlich
war mir das recht. Er stellte sich hinter mich, legte beide
Hände auf meine Schultern und betete sehr intensiv darum,
dass doch diese Angst, der Druck und die Unruhe von mir
genommen würden. Ich spürte, wie eine Wärme meinen
Körper durchströmte und nach unten zu den Füßen
hindrängte. Dann bat er mich aufzustehen und stellte sich vor
mich hin. Mit strengem Blick sah er mich an und sagte in
autoritativem Ton drei kurze Sätze: „Sie sind nicht für alles

verantwortlich! Sie sind nicht für alles schuldig! Sie sind nicht GOTT!"

In dem Moment kam es mir so vor, als ob ein schwerer Mühlstein, der immer an meinem Hals gehangen hat, plötzlich von mir abfiel. Zusätzlich bekam ich die innere befreiende Gewissheit, dass ich ja tatsächlich nicht für alles Böse auf der Welt schuldig und verantwortlich sei. Ich verließ diesen Raum mit der wunderbaren Erkenntnis, von einer schweren Seelenlast befreit zu sein. Diese befreiende Gewissheit hat Gott mir bis zum heutigen Tag erhalten, wofür ich unendlich dankbar bin.

Geistige Heilung

Wie ich schon zu Anfang dieses Kapitels erwähnte, ist es das Ziel der Ärzte und Therapeuten, dass der Patient Heilung an Körper, Seele und Geist erfährt. Bei mir ist es tatsächlich in dieser Reihenfolge geschehen. Körperlich ging es mir inzwischen wirklich gut. Wie meine Seele gesund wurde, davon habe ich gerade ausführlich berichtet. Und zum Schluss wurde mein Geist "rebellisch" und dadurch ebenfalls gesund. Kurioserweise war es der gleiche Mann, der mir dazu verhalf. Die allmorgendliche Lobpreisandacht gab den Auslöser. Die Teilnahme daran wurde zwar nicht auf unserer Anwendungs-Therapiekarte vermerkt, aber indirekt wurde doch ein gewisser Druck ausgeübt. Das empfand ich jedenfalls so, denn während dieser Zeit ging einer der Mitarbeiter durch die Zimmer und schaute nach, wer nicht nach unten gegangen war. Allerdings kam es an jedem Tag auch vor, dass Einzelne später kamen oder vorzeitig gingen. Nun hatte ich an dem besagten Morgen Briefe geschrieben und darüber die Zeit vergessen. Plötzlich schaute ich auf die

Uhr und stellte fest, dass die Andacht schon begonnen hatte. Mit klopfendem Herzen machte ich mich aber doch noch auf den Weg und tröstete mich mit dem Gedanken, dass andere Mitpatienten auch schon mal später dazukamen. Doch nach diesem Lobpreis äußerte sich der Therapeut in sehr autoritärem Ton über diejenigen, die zu spät gekommen waren, er erwartete sogar eine Entschuldigung. Außerdem tat er noch einen Ausspruch, den ich als geistlichen Druck empfand. Das erinnerte mich an meine Jugendzeit, wo bei Evangelisationen der drohende Zeigefinger erhoben wurde mit der Mahnung: „Wenn ihr euch jetzt nicht bekehrt, geht ihr auf ewig verloren!" Wie auf Knopfdruck bekam ich Herzrasen, aber auch unendlichen Zorn. Ich dachte, wie kann der sich anmaßen so zu urteilen, nur weil du zehn Minuten zu spät gekommen bist. Alles brodelte in mir, aber ich hatte keine Courage, das an- oder auszusprechen. Doch der Vorsatz manifestierte sich in mir, diese Sache am Nachmittag im Einzelgespräch mit meinem Therapeuten vorzubringen. Aber so weit kam ich gar nicht, denn gleich im Anschluss hatten wir Gespräche in der Kleingruppe. Da waren dann wieder andere Ärzte, Therapeuten und Praktikanten, denen wir schon bekannt waren. Als ich an die Reihe kam und gefragt wurde, wie es mir ging, brach alles aus mir heraus wie ein Sturzbach, der sich Bahn bricht. Ich schilderte das Erlebte und was es in mir angerichtet hatte. Dabei konnte ich die Tränen nicht zurückhalten, schimpfte und weinte, weinte und schimpfte. Es war Totenstille im Raum, und nachdem ich geendet hatte, sagte einer der Ärzte, warum ich mir denn wieder habe Druck machen lassen. Darauf wusste ich nichts zu sagen. Aber auf die Frage, ob es mir denn jetzt besser gehe, konnte ich mit einem ehrlichen Ja antworten, denn meine Herzbeschwerden waren verschwunden. Als ich danach auf meinem Zimmer war, wünschte ich mir von Gott noch eine Antwort auf das, was mich so sehr bewegte. Ich tat spontan etwas, was ich bisher noch nie praktiziert hatte. Ich nahm meine Bibel zur Hand, schlug mit geschlossenen Augen eine Stelle auf und las die Worte im Johannesevangelium aus Kapitel 3, Vers 16:

Denn also hat Gott die Welt geliebt,

dass er seinen eingeborenen Sohn gab,

auf dass alle, die an ihn glauben, nicht verloren werden,

sondern das ewige Leben haben.

Das war für mich, die an GOTT und seinen Sohn JESUS CHRISTUS glaubt, eine wunderbare Antwort, die mir in diesem entscheidenden Moment meines Lebens durch die Bibel persönlich zugesprochen wurde. (Es ist etwas ganz Besonderes, dass genau dazu von Max Lukado, einem amerikanischen christlichen Buchautor, ein Buch zu dieser Bibelstelle herausgegeben wurde mit dem Titel: 3,16)

Am Nachmittag hatte ich dann das besagte Einzelgespräch. Es war ein herrlicher Maitag mit strahlendblauem Himmel und Sonnenschein. Die frischen grünen Wiesen waren übersät mit blühendem Löwenzahn, leuchtend gelb wie tausende kleiner Sonnen. In dieser schönen Natur führten wir unser Gespräch. Ich legte gleich los wie eine Rakete, die nicht mehr zu bremsen war. Von allem erzählte ich und auch von der Zusage durch Gottes Wort. Mein Gegenüber war sprachlos, kam jedoch auch kaum zu Wort. Zwischendurch sagte er aber immer wieder: „Da sind sie aber ein ganz großes Stück weitergekommen!" Zumal ich abschließend noch mit großer Bestimmtheit betonte, dass ich mir ab heute von keinem

Menschen mehr Angst machen lasse. Außerdem teilte ich mit, dass ich vorerst nicht mehr an der morgendlichen Andacht teilnehmen würde. Er nahm das zur Kenntnis, sagte aber, dass das auf meiner Therapie-Karte vermerkt werden müsse. Ich stimmte dem zu, obwohl ich heute denke, dass das Ganze ein Paradoxum war. Einerseits keine Kontrolle durch Anwesenheitsliste, andererseits Zimmerkontrolle während der Andacht, und dann der Eintrag in meine Karte: "Vom Lobpreis befreit!" Stattdessen half ich jeden Morgen in der Küche, worüber sich das Küchenpersonal sowie die Zivis sehr freuten. Allerdings hatte ich in einer Ecke meines Gewissens immer noch ein Schuldgefühl und wollte dem Musiktherapeuten nicht gerne begegnen. Zu diesem Zeitpunkt war ich noch nicht so mutig, ihm meine Meinung in einem offenen Gespräch mitzuteilen. Doch mit dem Entschluss und dem ausgesprochenen Satz: „Ab heute lasse ich mir von keinem Menschen mehr Angst machen!", begann etwas, was meinen Geist gesund werden ließ. Denn meine ganze "Krankheit" beruhte auf Druck und Angst. Druck, den mir mein Vater von Kind an, wenn auch nicht vorsätzlich, gemacht hatte, ebenso wie die schon erwähnten Vorträge in Evangelisationen. Wobei das nur meine ganz persönlichen Erfahrungen sind und ich damit nichts pauschalisieren möchte. Aber diese Erlebnisse zogen sich wie ein roter Faden durch mein Leben, auch als ich schon lange erwachsen und verheiratet war. So war diese Therapie das Beste, was mir geschehen konnte. Deshalb möchte ich auch allen Lesern, die unter ähnlichen oder anderen Problemen leiden, Mut machen, Hilfe in Anspruch zu nehmen.

Doch nun soll diese spannende Geschichte zum Ende kommen. Wie ich schon erwähnte, arbeitete ich immer mit etwas schlechtem Gewissen in der Küche. Das hielt ich einige Zeit durch, bis ich aus freiem Entschluss wieder an dem morgendlichen Lobpreis teilnahm. Nachdem sich jedoch das bereits Erlebte wiederholte, zog ich einen Schlussstrich und nahm an den Andachten nicht mehr teil. Das bewog mich auch, vor der Abreise meine Meinung schriftlich zu hinterlassen. Vorher hatte ich aber mit einigen Mitpatientinnen darüber gesprochen und sie teilten meine Wahrnehmung. Als ich dann die Bewertungsblätter vor mir liegen hatte und fast alles in der Klinik mit gut oder sogar sehr gut benoten konnte, kämpfte in mir ein harter Kampf. Sollte ich unter der Rubrik: "Sonstige persönliche Anmerkungen" bezüglich des Musiktherapeuten etwas schreiben oder nicht. Einerseits dachte ich: Wozu die Arbeit und wie formulierst du es? Außerdem wirst du sehr wahrscheinlich in dieses Haus sowieso nicht mehr zurückkehren. Andererseits fühlte ich mich verantwortlich für alle, die ebenso empfanden wie ich, aber noch weniger Courage hatten. Dieser Gedanke bewog mich dann doch dazu, Folgendes zu schreiben: "Ich habe den Lobpreis an sich als eine therapeutisch wertvolle und schöne Einrichtung empfunden, mich aber durch den Druck, der gelegentlich ausgeübt wurde, bedrängt gefühlt. Mich störte besonders, dass während der halben Stunde eine totale Öffnung zu Gott hin von uns erwartet wurde und man uns eine innere Abwehr unterstellte durch Äußerungen wie: „Ich spüre, dass etliche von euch auf dem Beobachtungsposten sind." Formulierungen wie etwa: „Wollt ihr jetzt ... machten mir Schwierigkeiten. In der spirituellen Therapie habe ich Ähnliches erlebt. Der Musiktherapeut hat eine besondere geistliche Gabe, Menschen durch die Musik von ihren seelischen Nöten zu befreien. Deshalb ist es sehr schade, dass er diese Gabe zeitweilig als Macht missbraucht, um Menschen unter geistlichen Druck zu setzen." Dieses Schreiben war für mich ein weiterer Schritt, mutig meine Meinung zu äußern. Doch bei alledem denke ich, dass Gott es war, der mir beistand, mir Mut und neue Kraft gab - und wie nahe er mir war, das wurde mir noch einmal ganz deutlich gezeigt, kurz bevor ich entlassen wurde. Das war und bleibt "mein Pfingsterlebnis!"

Inklusive zwei Wochen Nachkur hatte ich bereits fast sechs Wochen in der Klinik verbracht und sollte einen Tag nach Pfingsten entlassen werden. Ich hatte das Gefühl, dass die Sache jetzt rundum abgeschlossen und es an der Zeit sei, wieder in das normale Leben zurückzukehren. Das wollte ich nun umgehend in die Tat umsetzen und fragte nach, ob ich nicht schon Freitag vor Pfingsten mit meinem Mann nach Hause fahren könne, denn über die Feiertage werde ja sowieso nichts mehr gemacht. Mein Therapeut war jedoch anderer Meinung. Er sagte, ich solle diese Tage doch noch genießen und zusammen mit meinem Mann etwas Schönes unternehmen, zum Beispiel eine Stadtbesichtigung in Tübingen oder Ähnliches. Meine Mutter sei jetzt so lange ohne mich ausgekommen, da käme es auf die paar Tage auch nicht mehr an. Womit er ja recht hatte. Eberhard und unsere Kinder teilten diese Meinung auch, so dass ich guten Gewissens über Pfingsten im Schwarzwald bleiben konnte. Am ersten Feiertag besuchten Eberhard und ich den Gottesdienst in Altensteig. Den zweiten Tag wollten wir, wie vorgeschlagen, nutzen, um einen Tagesausflug zu machen. Doch das Wetter war sehr wechselhaft und regnerisch. Somit hatten wir keine Lust auf einen Ausflug und entschieden uns für einen Spaziergang in der näheren Umgebung. Mit großem Regenschirm bewaffnet zogen wir also los. Gleich hinter der Klinik ging es den Kapf hinauf. Nachdem wir die kleine Anhöhe erklommen hatten und durch einsames Waldgelände wanderten, hörten wir plötzlich Posaunenklänge. Wir glaubten unseren Ohren nicht zu trauen, zumal jeden Augenblick mit einem tüchtigen Regenschauer zu rechnen war. Dazwischen schien dann allerdings wieder kurz die Sonne. Da Eberhard auch schon seit über fünfzig Jahren im Posaunenchor spielt, waren das für ihn wie auch für mich heimatliche und vertraute Klänge, zumal es bekannte Choräle waren, die an unser Ohr drangen. Wir marschierten der Musik entgegen, und zu unserem großen Erstaunen wurde auf einer Waldlichtung, mitten in der freien Natur, ein Pfingstgottesdienst gefeiert. Zu diesem Zweck waren einfache Bohlenbretter auf Blöcke gelegt worden, worauf die Gemeinde wie auch der Posaunenchor saß. Außerdem war eine Mikrofon Anlage installiert. Eine ältere Frau sah uns kommen, kam uns freudig entgegen und reichte uns Gesangbücher. Wir nahmen also neben ihr Platz, nachdem sie vorsorglich eine Decke auf der Bank für uns ausgebreitet hatte. Es stellte sich dann heraus, dass der Prediger ein junger Diakon aus der Nachbargemeinde war. Der ortsansässige Pfarrer stellte ihn vor, und bei jedem kräftigen Regenschauer öffnete er einen großen Regenschirm, um seinen Kollegen zu schützen.

Nun begann der Diakon seine Predigt mit einer anschaulichen Darbietung: Er bat ein Kind nach vorne und fragte das kleine Mädchen, was es zu Weihnachten bekommen habe, woraufhin es viele Sachen aufzählte. Auch auf die Frage nach Ostergeschenken bekam er einige Dinge gesagt. Doch auf die Frage nach Pfingstgeschenken folgte nur ein verneinendes Kopfschütteln. Daraufhin gab der Mann dem Mädchen eine Tafel Schokolade mit den Worten, dann solle es von ihm ein kleines Geschenk zu Pfingsten bekommen. Und darauf baute er seine Predigt auf. Wiederum sehr anschaulich stellte er vor Augen, wie groß wir Christen Weihnachten, ja auch Ostern feierten. Doch wie sei es um Pfingsten bestellt? Mit eindrücklichen Worten schilderte er, wie die Jünger Jesu damals vom Heiligen Geist erfasst wurden und welche Auswirkungen das hatte. Immer wieder betonte er, wie durch die ungeheure Kraft des Heiligen

Geistes Menschen Veränderung erfahren und das auch weitersagen sollen. Während ich das hörte, verspürte ich in mir das immer stärker werdende Gefühl, dass dieser Mann von dem sprach, was ich in den letzten Wochen mit Gott und durch die Kraft seines Heiligen Geistes selber erfahren hatte. Außerdem stieg in mir der Drang auf, dieses Erleben vor der versammelten Gemeinde zu bezeugen. Gleichzeitig fing mein Herz vor Aufregung an zu klopfen. So betete ich im Stillen zu Gott und bat um ein Zeichen: Wenn der Regenguss am Ende der Predigt aufhöre, so wollte ich etwas sagen. Andernfalls würde ich sitzen bleiben. Eberhard und die ältere Frau, zwischen denen ich saß, ahnten nichts von dem Kampf, der sich in meinem Inneren abspielte. Dann geschah das Unglaubliche! In dem Moment, als die Predigt mit dem Amen endete, hörte der Regen schlagartig auf. Das war für mich das Zeichen, um das ich gebeten hatte, und ich ging unverzüglich nach vorne. Auf meine Frage an den Diakon, ob ich etwas sagen dürfe, reagierte dieser unsicher. Da er nur Gast war, sah er fragend den neben ihm stehenden Pfarrer an. Der war in diesem Augenblick wohl auch so überrascht und erstaunt, dass er nicht recht wusste, wie er sich verhalten sollte. Doch dann zuckte er mit den Schultern und nickte zustimmend, was so viel bedeutete wie: 'na, lass sie mal!' Ich ging zum Mikrofon, stellte mich kurz vor und erzählte, was ich in den vergangenen Wochen erlebt hatte. Es herrschte atemlose Stille während meines Vortrags, und nachdem ich geendet hatte, bedankte sich der Diakon bei mir. Dem Pfarrer riet er, in seiner Gemeinde den Menschen auch die Gelegenheit zu geben, von ihren eigenen Gotteserfahrungen zu berichten. Ich setzte mich wieder auf meinen Platz und meine ältere Sitznachbarin drückte mir fest beide Hände. Auch sie bedankte sich und erzählte leise aus ihrem Leben. Meine Herzbeschwerden waren vollständig verflogen, und ich empfand eine wunderbare Freiheit, Freude und Dankbarkeit in mir. Und diese Dankbarkeit ist bis heute geblieben. Nach dem Gottesdienst setzten wir unsere Wanderung fort und erlebten noch manchen Regenschauer, aber auch Sonnenschein.

Einen Tag nach Pfingsten fuhren wir nach Hause, und ich kehrte nach sechs Wochen "Abstinenz" in den Alltag und zu meiner Familie zurück. Nun musste ich in die Praxis umsetzen, was ich theoretisch gelernt hatte, und das war nicht immer einfach. Es trat dann auch sehr schnell ein, was mir der Therapeut prophezeit hatte: „Wenn Sie in Zukunft anders reagieren werden, als man das von ihnen gewohnt ist, werden Sie auf Widerstand und Unverständnis stoßen. Wenn Sie nicht mehr die Liebe und Nette, stets Angepasste und nie Nein -sagende sein werden, ist dafür kein Verständnis zu erwarten. Aber ich bin gewiss, dass Sie es schaffen werden, den neuen Kurs beizubehalten." Diese Zusage stärkte mich ungemein. Auch von unserer Tochter bekam ich später diesbezüglich immer wieder positive Rückmeldungen. Außerdem beschrieb ein Arzt das noch sehr gut an einem anschaulichen Bild: „Jeder Mensch ist durch seine Herkunft, Veranlagung und Vererbung, Erziehung und Lebensum-stände auf ein bestimmtes Gleis gesetzt. Wenn er nicht dazu bereit ist, das Negative und Krankmachende in seinem Leben zu verändern, läuft er auf diesem Gleis weiter. Ist er aber bereit, eine Richtungsänderung vorzunehmen, so wird sein Zug noch eine Weile parallel zur alten Strecke fahren. Dann aber nimmt sein Lebenszug eine andere Richtung. Was in der Zeit der Therapie geschehe, sei nur eine Weichenstellung." Diese Darstellung fand ich sehr eindrücklich. Ich hatte den großen Wunsch, die Richtung meines Lebens zu verändern und einen "neuen Kurs" zu fahren. Dass ich dazu Gottes Hilfe und seinen Beistand brauchte, war mir sonnenklar. Aber, nachdem, was ich an Wunderbarem erlebt hatte, fiel es mir nicht schwer, auf diese Hilfe zu vertrauen. Heute, nach dreizehn Jahren, kann ich mit großer Dankbarkeit und dem Lied- Text von Hella Heizmann sagen:

Da kann man nur staunen über Gott und über die Wunder, die er tut,

da kann man nur staunen!

Gott bestätigt sein Tun

Und dieses Staunen über die Werke und sein Tun erlebe ich auch heute noch immer wieder, so wie an Pfingsten 2005, als Eberhard und ich für ein paar Tage im Schwarzwald waren. Wir hatten vorher ein neues Auto abgeholt und besuchten am ersten Pfingsttag den Gottesdienst in einer Freien Gemeinde. Nach der Predigt bat der Pfarrer die Gemeindemitglieder um ein Zeugnis. Er ermutigte die Zuhörer zu einem Erfahrungsbericht über das Wirken des Heiligen Geistes im eigenen Leben. Wieder mit etwas, aber nicht mehr so heftigem Herzklopfen, stand ich auf und erzählte von der Empore herunter mein "Pfingsterlebnis 1996", das sich ebenfalls im Schwarzwald ereignete. Ich wurde daraufhin später auch noch angesprochen. Aber die Krönung durfte ich dann am Nachmittag erleben! In einem sehr schönen Hotel, wo wir vor 25 Jahren mit unseren Kindern einen unvergesslichen Urlaub verbrachten, tranken wir gemütlich Kaffee. Dabei schwelgten wir in alten Erinnerungen und brachen dann auf zu einem Spaziergang. Es ging immer steil bergauf, doch irgendwann war Eberhard das Steigen leid und er wollte gerne wieder ins Tal. Doch mich zog es wie magisch noch etwas höher hinauf bis zu einer kleinen Anhöhe, auf der eine Bank stand. Oben angekommen, blieb ich wie angewurzelt stehen und konnte nur staunen! Da stand ein kleiner Felsbrocken, auf dem eine Steinplatte mit folgender Inschrift angebracht war:

Die Werke des Herrn sind groß, zum Staunen für alle.

Darunter: Gottes Macht zu helfen ist so groß,

dass er immer einen Weg und eine Hilfe für dich hat.

Die gleiche Platte, mit gleicher Inschrift, angebracht auf einem Felsbrocken, war das Erste, was ich sah, als ich im April 1996 in die Klinik kam. Am Tag der Ankunft machte ich nachmittags einen kleinen Spaziergang auf den Kapf, und ich entdeckte auf der Anhöhe diese Mut machenden Worte. Ich hatte aber zu diesem Zeitpunkt überhaupt keine Ahnung, auf welche Art mir Hilfe zuteil werden könnte. Und doch durfte ich erleben, wie diese Zusagen für mich Wirklichkeit wurden. Denn die ersten Zeilen sind aus Psalm 111, der überschrieben ist mit den Worten: *Dank- Lied für leiblichen und geistlichen Segen.* Dort heißt es am Anfang:

Halleluja! Ich danke dem Herrn von ganzem Herzen

im Rat der Frommen und der Gemeinde.

Groß sind die Werke des Herrn,

wer ihrer achtet, der hat eitel Lust daran.

(Übersetzung nach Luther). So konnte ich neun Jahre später, wiederum an Pfingsten und ebenfalls im Schwarzwald, vor einer Gemeinde von meiner Gottesbegegnung erzählen. Dafür konnte ich meinen Gott nur loben und ihm danken.

Meine Freundin Ilka

Die längste Freundschaft, die nun schon fast 60 Jahre besteht, verbindet mich mit meiner Freundin Ilka, die ich bereits zu Anfang meines Buches erwähnte. Obwohl wir nur für eine relativ kurze Zeit die damalige "Volksschule Thierseifen" gemeinsam besuchten, ist unsere Verbindung nie ganz abgebrochen. Ilka nahm an unserer Hochzeit teil, heiratete später ihren Arnold und zog in den hohen Norden, nach Husum. Noch mehrere Umzüge gab es bei den Beiden, aber immer gingen Briefe hin und her. Inzwischen Rentner, wurden sie im schönen Münsterland, in Bocholt sesshaft. Oktober 2006, ein ganz besonderes Datum für Ilka und Arnold, wie mir meine Freundin schon oft sagte! Da besuchten uns die Beiden nach längerer Zeit wieder einmal, und ich erfuhr, dass sie gar keine freundschaftlichen oder sozialen Kontakte in ihrem neuen Umfeld aufgenommen hatten. Auch waren sie vor etlichen Jahren aus der evangelischen Kirche ausgetreten. Aber ein Fragen und Suchen nach Gott und Gottes Wort war ganz stark zu spüren, und das schon seit längerer Zeit. Am Sonntagmorgen, dem 18. Oktober, saßen wir gemütlich am Frühstückstisch. Zuvor hatten wir Arnold ein Ständchen mit Gitarrenbegleitung gebracht, denn wir feierten seinen Geburtstag. Und wie immer hielten Eberhard und ich unsere gewohnte Morgenandacht. Zum Abschluss beteten wir zusammen. Danach führten wir sehr gute Gespräche und besuchten gemeinsam den Gottesdienst. Von alle dem wurden Ilka und

Arnold stark angerührt. Am anderen Morgen kauften wir eine Bibel, zum besseren Verständnis in neuerer Übersetzung. Mit dieser Anschaffung im Reisegepäck, sowie mit meiner Bitte, die Beiden möchten sich doch einer Kirchengemeinde anschließen, fuhren unsere Freunde nach Hause. Wie mir Ilka etwas später erzählte, sind sie gleich am nächsten Sonntag zum Gottesdienst in die Christuskirche in Bocholt gegangen. Pfarrer Gehrmann begrüßte sie freundlich und lud sie zum Abendmahl ein. Der Seelsorger besuchte sie mehrmals zu Hause. Bald traten sie wieder in die Evangelische Kirche ein und nahmen sich fest vor, die christliche Religion mehr zu ergründen. Der Neukirchener Kalender wurde gekauft und seitdem wird zusätzlich jeden Morgen in der Bibel gelesen. Auch die Suche nach ehrenamtlicher Tätigkeit hatte Erfolg. Von der Diakonie gab es einen Aufruf: Enkel dich jung. Seit nun fast zwei Jahren befolgen sie diesen Appell und geben den Kindern einer libanesischen Familie Hausaufgabenhilfe. Als Arnold davon hörte, dass die Gemeinde wieder einen Posaunenchor gründen wollte, entschloss er sich mitzumachen. Nach 30 Jahren begann er wieder fleißig zu üben. Leider reichte die Luft für seine Trompete nicht aus, wohl aber für ein Tenorhorn, das er jetzt spielt. Auch eine längere Pause wegen einer Zahnbehandlung tat seiner Begeisterung an der Sache keinen Abbruch. Inzwischen zählt der Chor zehn Mitglieder und alle sind mit viel Freude dabei. Für die Gemeinde ist diese Bläsergemeinschaft eine echte Bereicherung. Erwies sich die Suche nach einem Ehrenamt zunächst nicht so einfach, so kamen bald immer mehr Angebote und Anfragen. Arnold wurde Mitglied im Seniorenbeirat der Stadt Bocholt, und als Pfarrer Gehrmann Mitarbeiter für den „Grünen Hahn" suchte, stellte sich unser Freund auch da gerne zur Verfügung. Es handelt sich hier um ein Umweltprojekt, wo unter anderem auch Möglichkeiten zur

Energieeinsparung geprüft werden. Ilka wurde gebeten, die Kassenführung für den Kirchbauverein zu übernehmen. So sind die Beiden voll eingebunden und ausgelastet. Wenn wir miteinander telefonieren, sagt meine Freundin immer wieder: „Wie hat sich doch unser Leben seit unserem damaligen Besuch bei euch so sehr zum Guten verändert." Ich freue mich jedes Mal riesig darüber und denke dabei wieder an das Lied von Hella Heizmann: Da kann man nur staunen über Gott und über die Wunder, die er tut… Auch heißt es ja- und ich zitierte es an anderer Stelle schon einmal: Wes das Herz voll ist, des geht der Mund über. So ging es meiner Freundin auch. Aus diesem Grund veröffentlichte sie im Gemeindeblatt „Der Bocholter Bote" folgenden Leserbrief:

„Vor drei Jahren, als wir wieder den Weg in die Kirche gefunden hatten, haben wir damit begonnen, die Bibel zu lesen. Nun wollten wir gerne davon berichten, was in diesen drei Jahren geschehen ist, fanden aber nicht den rechten Anfang.

Dann hat sich alles ganz einfach gefügt. Wir besuchten am 18.10.2009 einen Familiengottesdienst in Weilheim in Oberbayern. Die Kinder hatten eine Bibelwoche hinter sich, wobei sie sich auf die Spuren Martin Luthers begeben hatten, und davon handelte der Gottesdienst. Der Pastor sprach darüber, welchen kostbaren Schatz wir alle zu Hause haben. Nämlich die Bibel! Durch die Übersetzung Martin Luthers ist es uns allen möglich, sie zu lesen. Zu den Schätzen, die darin verborgen sind, gehören die Gleichnisse. Als Beispiel das vom verlorenen Sohn, der zurückkehrte und vom Vater mit offenen Armen empfangen wurde. Oder das Gleichnis vom Bauern und der Saat, das das Samenkorn, welches auf fruchtbaren Boden fällt, aufgeht und Früchte trägt. Auch die Geschichte vom Reichen und Armen ist ein solcher Schatz, der viel Stoff zum Nachdenken gibt. Ja, so erleben wir das Bibellesen. Als einen Schatz, den wir gefunden haben. Wir werden nicht aufhören zu lesen und zu suchen. Wir wünschen allen eine gesegnete Adventszeit.

Soweit meine Freundin Ilka. Bei unseren Telefonaten haben wir Mühe, ein Ende zu finden, denn es gibt ja soo viel zu berichten! Sei es nun über einen Bibeltext, eine schwierige Gemeindesituation oder auch unverständliches Gegeneinander. Aber das alles ist „Gemeinde", und darin will Gott uns an einen bestimmten Platz stellen. Manchmal ist das gar nicht einfach. Ich erlebe das auch immer wieder, aber dann habe ich die Worte eines Pfarrers, der schon lange verstorben ist, im Ohr: „Eins müssen sie wissen, wo Gott eine Kirche baut, setzt der Widersacher sofort eine Kapelle daneben!" Und das wird sicher so bleiben, bis Jesus wiederkommt und endgültig die Herrschaft übernimmt. Aber dann wird „Freude in Fülle" sein.

Unsere Freunde im Erzgebirge

Gute Freundschaften sind im Leben etwas ganz Wertvolles und Kostbares, was man gar nicht hoch genug einschätzen kann. Aber sie müssen auch gepflegt werden. Von einer solch guten Verbindung möchte ich erzählen, denn sie besteht nun schon seit über 50 Jahren und ist eine ganz besondere Geschichte. Es war im Jahr 1960, und meine Eltern hatten noch den "kleinen Tante Emma Laden" an der Oberbrölstraße. Ein Ehepaar aus der damaligen DDR war in Bröl zugezogen und kaufte oft bei uns ein, um Lebensmittelpäckchen in die ehemalige Heimat zu schicken. Da wir niemanden kannten, den wir dort beschenken konnten, bat meine Mutter um eine Adresse. Sehr gerne und bereitwillig bekamen wir die Anschrift einer Familie aus Bärenstein-Annaberg im schönen Erzgebirge. Das erste Weihnachtspaket ging kurz danach auf die Reise „nach drüben" und die Überraschung und Freude war sehr groß bei den Beschenkten. Aber auch wir erhielten ein Päckchen und ein reger Briefkontakt entstand. Brigitte, eine der beiden Töchter des Ehepaares, wurde mir sehr bald eine liebe Brieffreundin. Zu unseren beiden Hochzeiten gingen Glückwünsche, Geschenke und Fotos hin und her. Brigittes Eltern hatten dann als Rentner auch schon nach einigen Jahren die Möglichkeit, in den Westen zu reisen, wie es damals hieß. Also lernten wir uns persönlich kennen, nachdem meine Eltern das Ehepaar Buschbeck zu uns eingeladen hatte. Wir erlebten eine sehr schöne gemeinsame Zeit, jedoch Brigitte und ihr Mann Dieter mussten noch etliche Jahre warten, um uns besuchen zu können. Das geschah dann nach dem Fall der Mauer im Jahr 1990. Ich erinnere mich noch sehr genau, wie gespannt ich war, meine langjährige und mir sehr liebgewordene Freundin mit ihrem Mann nun endlich persönlich kennenzulernen. Die beiden kamen an, wir sahen uns, fielen uns in die Arme und die Sympathie war sofort auf beiden Seiten da, Eberhard erging es ebenso. Inzwischen haben wir uns schon mehrfach gegenseitig besucht. Im tschechischen Marienbad verbrachten wir sogar gemeinsam unvergesslich schöne Tage. Den Reiz dieses zauberhaften böhmischen Kurortes entdeckte Johann Wolfgang von Goethe schon im Jahr 1820, als er das erste Mal dort hinreiste. Sehr viele bedeutende Persönlichkeiten des kulturellen, wissenschaftlichen und politischen Lebens aus aller Welt brachten Marienbad noch mehr Ansehen durch ihre Aufenthalte dort. Um nur einige zu nennen: Der englische König Edward VII, der Österreichische Kaiser Franz Josef I., Frederik Chopin, Richard Wagner(er schrieb hier seinen Lohengrin), Mark Twain und Anton Bruckner. In dieser kulturträchtigen Stadt besuchten wir so manche gute Veranstaltung, die wir sehr genossen haben. Ich denke da an ein Kirchenkonzert besonderer Klasse, wobei die Umstände noch recht originell waren. Da das Gotteshaus ab November nicht mehr beheizt wurde, bekam jeder Konzertbesucher eine himmelblaue Wolldecke ausgehändigt, und darin eingehüllt, saßen alle in den Kirchenbänken. Von der Empore herab, auf der wir Platz genommen hatten, bot sich uns ein farbenfrohes Bild. Wir bekamen die letzten zwei Decken, für die wir sehr dankbar waren, denn es war empfindlich kalt. Aber die hochkarätigen Musiker und die junge Sopranistin aus Prag begeisterten mit ihrem Können derart, dass es uns das Herz erwärmte. Als wir danach die Kirche verließen, bot sich uns ein traumhafter Anblick! Es hatte geschneit, und die Landschaft um die Kurkolonnade sah einfach märchenhaft aus, zumal das Ganze von den rustikalen Straßenlaternen in eine geheimnisvolle Zauberlandschaft verwandelt wurde. Dieser Eindruck wird mir unvergesslich in Erinnerung bleiben. Ein anderes, auch ganz besonderes Erlebnis, war ein evangelischer Gottesdienst im alten Pfarrhaus, der dort stattfand, weil, wie schon erwähnt, die Kirche nicht mehr beheizt wurde. So saßen wir denn in einem kleinen Raum zu etwa 20 Gläubigen auf alten Holzstühlen und freuten uns über die Gemeinschaft unter Gottes Wort. Die Predigt wurde zuerst in der Landessprache gehalten, danach aber ins Deutsche übersetzt. Ein älterer Mann begleitete die Lieder auf einem hochbetagten Harmonium. Es erinnerte mich an das aus meiner Kinderzeit, auf dem ich meine ersten Musikstunden absolvierte. Was mich dann aber zutiefst bewegte, war, als wir alle miteinander das alte Lied anstimmten: Welch ein Freund ist unser Jesus! Später gab es noch gute Gespräche miteinander, und wir gingen reich beschenkt zurück in unser Hotel...

Unsere oberbergische Heimat lernten unsere Freunde jedoch im Laufe der Jahre auch kennen, ebenso wie wir von ihnen in das wunderschöne Erzgebirge eingeführt wurden. Etwas traurig stimmte es uns schon, als wir in Bärenstein einen kleinen Bach überschritten, der als Grenze verläuft zwischen Ostdeutschland und der Tschechei. In früherer, längst vergangener Zeit gehörte das ja alles zu unserem deutschen Vaterland. Wir wanderten also hinüber nach Weibert, und was uns dort erwartete, kannten wir so gar nicht und erschütterte uns sehr. Kleine Kinder liefen hinter uns her und bettelten unaufhörlich um Geld, indem sie ihre Hände ausstreckten und sagten: bitte, eine Mark! Nachdem wir ihnen den Wunsch erfüllten, auch etwas Süßes geschenkt hatten, umlagerte uns auf dem Rückweg die doppelte Anzahl an Mädchen und Jungen. Sie liefen sogar mit bis an die Grenze, und ein kleiner Bursche wollte unbedingt mit uns zusammen fotografiert werden. Eine andere Sache, die uns richtig beschämte, war der Preis für das Mittagessen in einem Restaurant. Wir bestellten das teuerste Menü, was recht gut und reichlich war, und bezahlten für vier Personen um die 20 Mark. Aber der Wirt freute sich über jeden Gast, der die Gaststube betrat und über unser reichliches Trinkgeld. Die Gebäude und Straßen zeigten sich größtenteils in einem maroden Zustand und wir gingen gerne wieder zurück in das schöne Bärenstein, wo wir die liebevolle Gastfreundschaft von Brigitte und Dieter sehr genossen. Noch viel und vieles wäre aus den vergangenen 50 Jahren zu berichten, aber das alleine würde schon Lesestoff für ein kleines Buch hergeben. Eberhard und ich sind sehr dankbar für diese gute, langjährige Freundschaft, in der wir Freude und Leid miteinander geteilt haben und das gerne weiterhin tun möchten. Auch wissen wir uns verbunden im gemeinsamen Glauben an unseren Herrn Jesus Christus.

Unser Cousinenkreis

Zu den langjährigen Freundschaften, die wir pflegen, zählt auch unser Cousinenkreis. Dieser Kreis besteht fast schon 34 Jahre. Gegründet wurde er am 29. August 1976, dem Beerdigungstag unserer Großmutter Anna. Während wir nach der Beisetzung noch alle zusammensaßen, kam in mir der Wunsch auf, dass wir uns als Cousinen väterlicherseits doch öfter treffen möchten. Und das nicht nur zu Beerdigungen. Ich erinnere mich noch gut daran. Es war ein sehr heißer Tag. Meine Cousinen Annegret und Gisela waren von dieser neuen Idee auch angetan, und so wir fuhren zur weiteren Besprechung in das damalige Restaurant und Cafe „Parkschlösschen" nach Nümbrecht. Bei dem Genuss eines leckeren Eisbechers kamen wir zu folgendem Entschluss: In einem Abstand von sechs Wochen sollte unser Treffen an einem Samstagnachmittag stattfinden, jeweils reihum bei einer anderen Cousine. Außerdem wollten wir noch eine angeheiratete Cousine und zwei verwandte junge Frauen dazu einladen. Auch sie sagten freudig zu, und schon kurze Zeit danach wurde „unser Club aus der Taufe gehoben."

In den vergangenen Jahren haben wir sehr viel Schönes und Unvergessliches miteinander erlebt. Manches Fest gefeiert, vor allem die „runden Geburtstage" und nacheinander unsere Silberhochzeiten. Jedes Mal trafen wir uns vorher. Natürlich waren unsere Männer dabei, um eine Aufführung oder eine musikalische Darbietung mit Anekdoten in Versform vorzubereiten, was immer mit sehr viel Spaß verbunden war. Auch an unsere Ausflüge „mit den Jungens" erinnere ich mich sehr gerne. In den ersten Jahren war die Mosel ein beliebtes Reiseziel für unser gemeinsames Wochenende. Dort steuerten wir immer wieder eine gemütliche Privatpension an, von wo aus wir die Tageswanderung durch die wunderschö-nen Weinberge starteten. Unsere Rucksäcke waren mit Brot,

Wein, Käse, Wurst und anderen Leckereien vollgestopft. Waren die Beine müde vom Wandern, kehrten wir in einem der vielen Gasthäuser ein. Dort stärkten wir uns dann mit einem Glas „Federweißen" und frischem Zwiebelkuchen, bevor die Wanderung fortgesetzt wurde. Aber immer hatten wir gute Laune, da konnte sogar ein Regenschauer nichts dran ändern. Sehr oft und gerne haben wir auch ein frohes Lied erklingen lassen. Doch einmal fand eine unbeabsichtigte Trennung unserer zwölfköpfigen Gruppe statt. Wir starteten am Morgen mit mehreren Autos, um anschließend von einem bestimmten Parkplatz aus unsere gemeinsame Wanderung zu beginnen. Es wurde dann sehr nebelig, so dass wir uns aus den Augen verloren. Auch am vereinbarten Standort trafen wir uns nicht, also wanderten wir nach einiger Zeit des Wartens zu je drei Ehepaaren los. Allerdings in der Hoffnung, irgendwann und irgendwo wieder aufeinander zu treffen. Dem war aber nicht so, und erst am Abend fand das große Wiedersehen in der Pension statt. War das ein „Hallo", große Freude und viel Erzählen hin und her!

Um nur noch einige unserer Ausflugsorte in den vergangenen Jahren zu nennen, denke ich da an Thüringen und den Besuch der Wartburg, an die Einkehr in das Kloster Bursfelde, das benachbarte Sauerland, eine Reise nach Holland und, und, und…

Leider hat uns im vergangenen Jahr der erste aus unserer langjährig vertrauten Gemeinschaft verlassen. Herbert, der Mann von Annegret, starb nach einigen Jahren schwerer Krankheit. Wir alle sind sehr traurig darüber, wissen ihn aber geborgen in Gottes Hand. Denn er lebte sein Leben bewusst mit Jesus Christus, wie auch meine Cousine Annegret.

Weiterhin pflegen wir diese gute Gemeinschaft, in dem wir Frauen uns nach wie vor treffen, in gemütlicher Runde miteinander Kaffee trinken und teilnehmen am Ergehen der Anderen. Zwischendurch ist jedoch immer mal wieder ein Abend mit Männern angesagt, worüber sich stets alle freuen.

Frühstückstreffen für Frauen

Wofür ich auch sehr dankbar bin, ist die Tatsache, dass wir bei uns in Waldbröl nun schon seit 15 Jahren regelmäßig Frühstückstreffen für Frauen veranstalten. Ich bekam damals ein Buch geschenkt mit dem Titel: *Mehr als nur ein Frühstück*. Die Autorin war Barbara Jakob. Ich war beeindruckt und auch fasziniert von der Idee, Frauen aller Altersgruppen und Konfessionen zu einem gemeinsamen Frühstück einzuladen, bei dem sie ein gutes Referat hören können, das ihnen Hilfe in Alltagsproblemen bietet und wo sie sich bei wohltuender Musik gemeinsam austauschen können. Das Ganze sehe ich als ein missionarisches Anliegen auf eine ganz andere Art und Weise. Denn die Basis ist das Evangelium unseres Herrn Jesus Christus. Den Wunsch, in unserem Städtchen auch mit solch einem Frühstückstreffen zu beginnen, teilte Friedegund Gran, die Frau unseres Pfarrers, mit mir. So bildete sich recht bald ein Team, und wir luden im Herbst 1994 zum ersten Frühstück ein. Es kamen sehr viele Frauen und so war der Anfang gemacht. Inzwischen fanden schon viele Abendveranstaltungen statt, zu denen wir auch die Männer einluden. Ich erinnere mich noch gut an einen dieser ersten Abende. Als Referenten hatten wir den bekannten Psychotherapeuten Reinhold Ruthe eingeladen, und ich teilte ihm in unserem vorherigen Telefongespräch mit, dass diese Veranstaltung mit Männern eine Premiere sei. Somit wären wir selber gespannt, ob und wie viele Herren erscheinen würden. Er beruhigte mich mit der Mitteilung, dass er gerade von einer ebensolchen Veranstaltung zurückgekommen sei, wobei der

Küster und er selber die Einzigen ihrer Gattung waren. Daraufhin sagte ich stolz voraus, dass bei uns zumindest die doppelte Anzahl an männlichen Wesen den Raum füllen würde, denn mein Mann, unser Sohn und mein Bruder, sowie ein Bekannter hätten schon die Eintrittskarten bestellt. Dass es dann doch noch über vierzig Männer zu uns trieb, freute uns natürlich sehr. Insbesondere aber auch deshalb, weil sie von dem Vortrag sehr angesprochen waren und an Herrn Ruthe viele Fragen stellten, die er gerne und bereitwillig beantwortete. So wurde der Abend ein voller Erfolg und ermutigte uns, immer mal wieder die Männer mit einzuladen. Als Referenten kamen auch schon einmal Peter Hahne zu uns, Andreas Malessa, Arno Backhaus u.a. Von vielen guten Referentinnen sind mir persönlich einige ganz besonders nahe geblieben, die mein Leben bereichert haben, zumal sie auch bei uns übernachteten und dadurch gute Gespräche entstanden. Ich denke da zum Beispiel an Sabine Ball, die "Mutter Teresa" von Dresden. Es war im Spätsommer 1998, als wir noch immer angestrengt nach einer guten Referentin für unser nächstes Frühstückstreffen für Frauen suchten. Das gestaltete sich dieses Mal sehr schwierig, und wir vom Team waren bald schon geneigt, das Treffen einmal ausfallen zu lassen. Doch dann rief plötzlich meine Freundin aus dem Erzgebirge an, und teilte mir voller Begeisterung eine große Neuigkeit mit. Da ich ihr schon mehrmals von den Frühstückstreffen in Waldbröl berichtete, hatte auch sie in Ehrenfriedersdorf, ihrer näheren Heimat, an einer solchen Veranstaltung teilgenommen. Sie war noch so erfüllt von diesem Erlebnis, vor allem von der Referentin, ihrer Ausstrahlung und dem Thema, dass sie selbst Mühe hatte, die rechten Worte dafür zu finden. Dann meinte sie, ich müsste diese Frau unbedingt auch einmal kennenlernen. Vielleicht könnten wir sie ja mal zu uns nach Waldbröl einladen. Also schickte ich einen freundlichen Brief nach

Monika mit Sabine Ball aus Dresden

Dresden in die Martin Luther Straße und fragte bei Sabine Ball nach, ob sie sich vorstellen könnte, als Referentin zu uns nach Waldbröl zu kommen. Allerdings machte ich mir keine große Hoffnung, denn sie war zu der Zeit schon eine sehr bekannte und auch im Fernsehen gefragte Persönlichkeit. Doch zu meiner freudigen Überraschung rief sie nach etwa zwei Wochen bei uns an, und ich höre heute noch den Tonfall ihrer Stimme, als sie ihren Namen nannte. Und dann sagte sie schlicht und einfach: „Wo ich angefragt werde, da gehe ich hin. "Mit großer Freude teilte ich das unserer Koordinatorin und dem Mitarbeiterinnenteam mit. Schon bald begannen wir mit den Vorbereitungen. Am Samstag, dem 24. Oktober 1998 sollte die Veranstaltung unter dem Thema: "Von der Millionärin zur Tellerwäscherin", stattfinden. Sabines Ankunft am Vortag, die etwas spektakulär verlief, werde ich sicher nie vergessen. Die frühere Millionärin reiste mit der Bahn aus Dresden an. Unser Sohn mit unserem damals dreijährigen Enkel fuhr mit mir nach Köln, um sie abzuholen. An dem besagten Abend schüttete es wie aus Kübeln, wir kamen auf der Autobahn nicht so gut voran, folglich auch zu spät zum Bahnhof. Da ich aber vorher in einer Zeitschrift ein Foto von Sabine Ball gesehen hatte, machte ich mir keine Sorgen, sie zu finden. Doch da wurde ich eines anderen belehrt! Der Bahnsteig, auf dem der Zug eingelaufen war, erwies sich als menschenleer und nirgendwo entdeckten wir unseren Gast aus Dresden. Das Handy war damals noch nicht so „in" wie heutzutage, also ging ich zur Auskunft und stellte mich in einer meterlangen Schlange an. Dort wollte ich um einen Ausruf bitten. Da sah ich plötzlich kurz vor dem Schalter eine ältere Dame mit weißem Haar und schlichter Einschlagfrisur. Blitzartig durchfuhr es mich: das ist Sabine Ball, die Mutter Theresa aus Dresden! Und dann geschah das Unglaubliche!!! Im gleichen Moment schaute sie sich um, unsere Augen trafen sich- und obwohl sie mich überhaupt nicht kannte- kam die Frage von ihr, ob ich Monika Seibel sei. Bis heute ist mir die Art und Weise unsers Kennenlernens immer noch unbegreiflich. Als wir dann im Auto saßen und uns unterhielten, sagte sie gleich zu Anfang: „Ich bin die Sabine" und bot mir damit sofort das „du" an. Ich erinnere mich auch noch gut daran, dass sie mich nach einer bestimmten Fernsehsendung fragte. Sie selbst sah kein Fernsehen. Es handelte sich dabei um die Talk Show von Jürgen Fliege. Der Moderator hatte sie als Gast zu einer seiner Sendungen eingeladen. Sabine wusste nicht, ob sie zusagen sollte und bat mich um meine Meinung. Ich bestärkte sie darin, weil ich glaubte, es sei gut, wenn sie dort von ihrer Arbeit und gleichzeitig von ihrem starken christlichen Glauben sowie ihrem festen Gottvertrauen erzählen würde. Ihr Auftritt, ihre Aussage und Ausstrahlung damals waren beeindruckend wie alle späteren Auftritte, die ich gesehen habe. So besitze ich auch noch eine Video Aufnahme von dieser Talk Show mit Jürgen Fliege, in der Sabine auftrat. Nachdem wir an dem besagten Abend endlich gut bei uns zu Hause ankamen, war mein Mann sehr erleichtert. Sabine hatte nämlich schon bei ihm angerufen, bevor wir uns fanden. Nach dem Abendessen saßen wir noch sehr lange zusammen und hatten jede Menge Gesprächsstoff. Sie erzählte von „ihren Kindern", wie sie die Straßenkinder und Jugendlichen in der Dresdener Neustadt nannte. Und ich von den 29 Tschernobyl Kindern, die wir 1992 in unserem Ort zu Gast hatten. Das interessierte Sabine auch sehr. Ich war tief beeindruckt, mit welcher Liebe und Hingabe sie sich für diese armen, verwahrlosten und oft kriminellen jungen Leute in ihrer Wahlheimat einsetzte. Sie, die ehemals reiche und bildschöne amerikanische Millionärsgattin, lebte nun ganz schlicht und einfach in dem Cafe Stoffwechsel, welches zur Anlaufstelle für viele Hilfsbedürftige wurde. Dort besuchte ich Sabine später einmal, und sie erzählte mir von ihren weiteren Plänen, die sie mit Gottes Hilfe und einem guten Mitarbeiterteam zu verwirklichen gedachte. Ihr starkes Gottvertrauen und ihr unermüdlicher Einsatz für die jungen Menschen wird mir immer ein Vorbild sein. Tiefen Eindruck hinterließ sie auch bei vielen Frauen, die Sabine damals auf unserem Frühstückstreffen erlebt haben. Während ihres Vortrages, bei dem sie ihre Lebens- und Glaubensgeschichte erzählte, hätte man eine Stecknadel fallen hören können. Am nächsten Tag, Sonntagmorgen, sprach die Referentin noch in einem Gottesdienst unserer Nachbargemeinde, wo ihre Ausstrahlung ebenfalls Spuren hinterließ So wollte ein junger Mann, angehender Pastor, sehr gerne in die Arbeit des Stoffwechsel Dresden einsteigen. Aber zu der Zeit gab es dort nur ehrenamtliche Mitarbeiter. Nach dem Gottesdienst brachten mein Mann und ich Sabine wieder zum Bahnhof, und sie verabschiedete sich von mir mit dem schlichten, kurzen Satz: „Ich danke dir für dein offenes Herz." Das war ganz typisch für sie, und für mich wertvoll. Wie sie später am Telefon sagte, sei sie sehr dankbar gewesen für das von mir mitgegebene selbstgebackene Brot, denn der Speisewagen des Zuges war nicht geöffnet. Auch habe sie inzwischen mehrmals nach diesem Rezept selbst gebacken. Es schmeckte ihr ganz vorzüglich. Nur einige Wochen später, im Dezember 1998 war es soweit, dass ich zusammen mit unseren Freunden aus dem Erzgebirge Sabine im Cafe Stoffwechsel in Dresden besuchen konnte. Wir saßen in ihrem sehr kleinen, aber gemütlichen Wohnraum und wurden unter anderem Zeugen einer sehr bewegenden Begegnung. Eine junge Frau kam herein, ging auf die erstaunte Sabine zu und fiel ihr dann weinend in die Arme. Dabei erzählte sie, dass sie gerade eine Ausbildung auf einer Bibelschule begonnen habe. Wir sahen Sabine überglücklich und hatten teil an dieser großen Freude, zumal wir später hörten, dass diese junge Frau eine sehr missratene Vergangenheit hatte. So durften wir miterleben, wie Gott Gebete erhört, denn das intensive tägliche Gebet war für Sabine und ihr Team neben aller Arbeit das A und O.

Das hatte ich bereits erfahren, als sie bei uns war und in meinem *„Giebelstübchen" unter dem Dach* wohnte. Sie war es auch, die mir den Anstoß gab, einen Gebetskreis zu gründen. Gemäß dem Bibelwort: „Wo zwei oder drei in meinem Namen versammelt sind, da bin ich mitten unter ihnen" begannen wir schon im Januar 1999 zu vier Frauen mit einem wöchentlichen Gebetstreffen. Während eines Seminars in Mainz lernte ich eine Pfarrerin kennen, der ich von unseren Treffen erzählte. Deshalb schickte sie mir später das wundervolle Buch „Die stärkste Kraft der Welt – das Gebet. In diesem fand ich eine Aussage von Antoine de Saint-Exupéry, die mich tief in meinem Herz berührte: Wenn ein Mensch in seiner *Dachkammer* ein Verlangen hegt, das stark genug ist, setzt er von seiner *Dachkammer* aus die Welt in Brand. Immer wieder denke ich diese Worte, wenn wir Frauen, inzwischen sind wir sieben, die jeden Mittwochvormittag zusammenkommen. So manche Gebetserhörung durften wir schon erleben. Mein Wunsch ist es, dass noch viele solcher kleiner Zellen mit Gottes Hilfe entstehen möchten, und damit im großen Meer der weltweiten Beterinnen und Beter zu einer Einheit zusammenschmelzen. Nachdem ich Sabine davon berichtete, schrieb sie mir am 1. März 2009 unter anderem: Es freut mich so ganz besonders, dass sich in dem Giebelstübchen nun ein Gebetskreis befindet. Hoffentlich werden wir uns in Lüdenscheid treffen, wenn ich dort von der Arbeit Stoffwechsel weiter berichten möchte. Grüße mir ganz besonders Deinen Gebetskreis, und bitte tragt unsere Arbeit hier in Dresden weiter im Gebet vor Gott. Euch allen wünsche ich weiterhin Gottes reichen Segen. Eure Sabine. Auf der Vorderseite der Karte standen folgende Worte: Altwerden ist wie auf einen Berg steigen. Je höher man kommt, desto mehr Kräfte sind verbraucht, aber umso weiter sieht man. Und das waren ihre letzten Worte an mich, die mir ein wertvolles Vermächtnis sind. Denn wir konnten uns im März in Lüdenscheid nicht wiedersehen, und am 7. Juli 2009 wurde diese außergewöhnliche Frau plötzlich heimgerufen. Sie kennen zu lernen, bedeutet für mich eine große Bereicherung meines Lebens. Bei der Durchsicht meiner Erinnerungen fiel mir unter anderem folgendes in die Hände: Sabine…

Das Herz in diesem großen Projekt ist natürlich Sabine. Ob es das tröstende Wort, das offene Ohr, das stärkende Gebet, die erfrischenden Ideen, die Zurechtweisungen in Liebe, das Interview im Fernsehen, die Bibelstunde im Gefängnis, die vielen Vorträge im ganzen Lande…sind- Sabine lebt was sie glaubt!

Nun darf sie schauen, was sie geglaubt hat, dessen bin ich

gewiss. Ich wünsche mir sehr, auch sie einmal wiederzusehen.

Am Nachmittag zeigte ich Sabine unser Gemeindehaus in Thierseifen, was wir Vereinshaus nennen. Es wurde im Jahr 1879 erbaut und entstand während einer Erweckungsbewegung, die in dieser Zeit das Oberbergische Land durchzog. Gleichzeitig wurde auch der "Missionsverein Thierseifen" gegründet, in dem u. a. mein Urgroßvater August Becker, Mitglied, Sonntagschullehrer und Chorleiter war. 1882 entstand noch ein Posaunenchor, mit dem eine segensreiche Arbeit begann. Der Gemischte Chor, in dem schon meine Eltern sangen und später auch Eberhard und ich, feierte 1978 sein Hundertjähriges Bestehen. Ich erinnere mich noch gut daran, es war ein sehr schönes Fest. Seit vielen Jahren besteht er leider nicht mehr, es mangelte an Männerstimmen. Der Posaunenchor aber, inzwischen unter dem Namen *Poco Brass* bekannt, spielt immer noch mit viel Nachwuchs zur Ehre Gottes und zu unser aller Freude. Eberhard bläst nun schon seit 61 Jahren in dem Chor seine Zugposaune, hat aber vor, an Ostern diese Zeit zu beenden. Für Sabine Ball war unser schönes Haus und die lange Tradition wohl etwas Besonderes. Und doch musste ich ihr sagen, dass unser Vereinshaus im Vergleich zur damaligen Erweckungsbewegung sehr viel leerer geworden sei. Da fasste sie spontan meine beiden Hände und betete für unsere Gemeinde und eine neue Erweckung. Danach schaute sie mir mit festem Blick in die Augen und sagte: „Fang einen Gebetskreis an!" Das war für mich der dritte Anstoß, den ich von unterschiedlichen Menschen erhielt, einen solchen Kreis zu beginnen. Die Frauen, die ich daraufhin ansprach, hatte Gott mir wohl in den Sinn gegeben, denn sie sagten alle sofort zu. Es kam mir vor, als ob ich "offene Türen" einrannte. Und getreu der Weisung und Zusage Jesu: *Wo zwei oder drei in meinem Namen versammelt sind, da bin ich mitten unter ihnen*, begannen wir gleich zu Beginn des Jahres 1999 mit drei Frauen unseren Gebetskreis. Inzwischen sind wir sieben, die sich jeden Mittwochvormittag in meinem Giebelstübchen zum gemeinsamen Gebet treffen. Es ist immer eine segensreiche und erfüllte Zeit und gibt uns allen neue Kraft für den Alltag. Vor allem für die Fürbitte nehmen wir uns viel Zeit, so dass wir in den vergangenen Jahren schon manche Gebetserhörung erleben durften. Das stärkt unseren Glauben und macht uns mutiger, unseren Herrn Jesus Christus zu bekennen. Dieses Anliegen sollte sicher einen wichtigen Platz in unserem Leben als Christen einnehmen, denn wir haben doch die beste Botschaft der Welt an die Menschen dieser Welt weiterzugeben. Einzig und allein aus diesem Grunde drängt es mich auch, dieses Buch zu schreiben. Möchten es doch noch viele Großmütter- oder -väter mir gleichtun. Dass jedoch Wort und Tat übereinstimmen, möge stets unsere Bitte sein und bleiben.

Eine andere Frau, die mein Leben bereichert hat, ist Elisabeth von Bibra. Auch sie war als Referentin auf einem Frühstückstreffen in Waldbröl und übernachtete bei uns. Sie hat die über tausend Jahre alte Burg Bibra in Thüringen, das Erbe ihres Mannes, nach der Wende wieder instand setzen lassen. Das war eine gewaltige Aufgabe, bei der sie Gottes Hilfe und Beistand immer wieder erfahren hat. Ein sehr schönes Seminarhaus mit nostalgischem Flair und vielen behaglichen Zimmern ist daraus entstanden. Das war auch der Wunsch ihres verstorbenen Schwiegervaters. Elisabeth hat es mit Gottes und vieler Menschen Hilfe durchführen können. Ich war schon zweimal dort, um an einem Einkehrwochenende teilzunehmen. Es wird mir unvergesslich bleiben, ebenso wie der Besuch bei Sabine Ball im Café Stoffwechsel in Dresden.

Noch einige weitere Frauen möchte ich nennen, die ebenfalls als Referentinnen bei uns waren und auf mich einen bleibenden Eindruck hinterließen. Sie alle hatten eines gemeinsam: aus eigenem Erleben uns Jesus Christus als Hilfe in unseren Problemen und Nöten nahe zu bringen, der selber von sich sagt: *Ich bin der Weg, die Wahrheit und das Leben, niemand kommt zum Vater, denn durch mich.* Ich denke da an Noor van Haaften, Elke Werner, Bärbel Olmesdahl, Ruth Heil, Annegrete Harms und viele andere. Deshalb ist es mir auch ein großes Anliegen, viele Frauen immer wieder persönlich einzuladen oder auch zu bitten, im Team mitzuarbeiten. Möge Gott doch weiterhin diese inzwischen weltweite Frauenarbeit segnen, ebenso wie jede andere Arbeit, die in seinem Namen und Geist geschieht.

Ein schmerzhafter Familien-Einschnitt

Einen schmerzhaften Einbruch in unserer Familie erlebten wir im Mai 1996. Es ereignete sich unmittelbar nach meiner Rückkehr aus der Klinik, in der ich mich zur Therapie aufgehalten hatte. Unsere Schwiegertochter, die uns lieb war fast wie eine Tochter, verließ unseren Sohn von heute auf morgen. Unser erstes lang ersehntes Enkelkind nahm sie natürlich mit. Nach zwei Fehlgeburten war der kleine Pascal im September 1995 gesund zur Welt gekommen. Bereits neun Monate später fand die Trennung statt. Es war nicht nur für uns, sondern auch für alle anderen unfassbar, denn Christoph und Andrea galten immer als das ideale Ehepaar. Sie kannten sich schon, als er neunzehn und sie sechzehn Jahre alt waren. Für unseren Sohn brach zu diesem Zeitpunkt eine Welt zusammen. Da verstand ich, warum ich so schnell in die Klinik kommen sollte, denn in meinem vorherigen Zustand hätte ich diese Situation mit Sicherheit nicht durchgestanden. Der Erfolg der Therapie mit Gottes Hilfe bewies sich darin, dass ich keine einzige Herzattacke mehr bekam. Es war auch sehr gut, dass sich die Eheleute in der kommenden Zeit nicht feindlich und hasserfüllt gegenüberstanden, sondern gute Regelungen fanden, was die Erziehung und den Umgang mit dem Kind betraf. Pascal war an jedem Wochenende bei seinem Vater, und somit beide bei uns im Haus. Also erlebten wir, trotz der traurigen Situation, das Heranwachsen unseres ersten Enkelkindes intensiv mit. Das machte uns Freude, und unser Christoph konzentrierte sich nun ganz auf seinen kleinen Sohn.

Familienchronik

Was mir vor einigen Jahren sehr wichtig wurde und ich mit großem Elan in Angriff nahm, war die Erstellung einer Familienchronik, von der Familie meines Vaters. Durch eine Verwandte bekam ich Fotos sowie andere Unterlagen meiner Urgroßeltern. Das fand ich großartig, denn für unsere Enkelkinder sind das ja schon die Ur-Ur-Urgroßeltern. Sogar Glückwunschkarten zu ihrer Goldhochzeit und einen Original – Brief, datiert vom 2.4.1929, mit dem Landrat als Absender, adressiert an die Eheleute August Becker und Karoline geborene Braun, Bröl, mit folgendem Wortlaut:

Es gereicht mir zur Freude, Ihnen im Namen der Preußischen Regierung mitteilen zu können, dass Ihnen zur Feier der Goldenen Hochzeit ein Gnadengeschenk von Fünfzig Mark bewilligt ist, das Ihnen durch den Herrn Bürgermeister in Waldbröl zugehen wird. Hiermit verbinde ich meine herzlichsten Glückwünsche zu dem Ihnen vergönnten schönen Fest.

Der Schriftzug des Landrats ist leider nicht zu entziffern. Sicher war es zur damaligen Zeit eine Seltenheit bei der höheren Sterblichkeit im mittleren Lebensalter, dass ein Ehepaar dieses besondere Fest feiern konnte. In der kommenden Zeit wird es aus anderen Gründen weniger Goldhochzeiten geben, einfach deshalb, weil viele Ehen nicht mehr so lange halten. Ich muss dazu sagen, dass in unserem Bekannten- und Freundeskreis unserer Generation nicht eine einzige Ehe geschieden wurde. So wünschen Eberhard und ich uns sehr, ebenso wie unsere ganze Familie, dass wir, so Gott will, im September 2012 unsere Goldhochzeit feiern dürfen. Aber das liegt in seiner Hand. Meinen Urgroßeltern väterlicherseits war es jedenfalls vergönnt, und aus ihrer Verbindung sind laut meiner Chronik 109 Menschen hervorgegangen. Jedem habe ich eine Seite gewidmet und etwas dazu geschrieben. Bekanntlich möchte ja jeder gerne wissen, wo seine Wurzeln sind. Deshalb war mir dieses Anliegen so wichtig.

Schwierige Zeiten vor Eberhards Ruhestand

Je näher es im Sommer 1997 auf Eberhards Pensionierung zuging, umso schwieriger empfand ich unser Zusammen-leben. Mein Mann war leicht genervt und reagierte wegen belangloser Kleinigkeiten im Alltag oft aggressiv, so dass ich mit unguten Gefühlen der kommenden Zeit entgegensah. Im Nachhinein kann ich das sehr gut verstehen, damals überhaupt nicht. Des Öfteren wurde er auf sein zukünftiges Rentendasein angesprochen, und unsere Kinder überlegten an einer sinnvollen und befriedigenden Beschäftigung für ihren Vater. So wurde ihm der Vorschlag unterbreitet, vielleicht einen kleinen Weiher zu pachten, damit er seine freie Zeit mit Angeln verbringen könnte, oder aber ein

Waldstück zu erwerben, um sich da zu betätigen. Von mir kamen noch andere Empfehlungen hinzu. Umso stacheliger reagierte der angehende Rentner! Einmal entgegnete er jemand, der ihn auf die bevorstehende neue Lebensphase ansprach: „Ich weiß nicht, wie es sein wird, ich erlebe es das erste Mal." Womit er ja total recht hatte! Aber trotz alledem machte ich mir ernsthafte Gedanken über diesen zukünftigen Lebensabschnitt, denn ich wollte auch diese Zeit gerne, soweit es an uns läge, als etwas Gutes und Schönes mit meinem Mann zusammen erleben. Außerdem fand ich, dass Eberhard nach 50 Jahren Berufsleben mit viel Belastung und Verantwortung nun den sogenannten Ruhestand wohl verdient hatte. Also vereinbarte ich einen Termin in der Beratungsstelle Erziehungs-, Ehe-, Familien- und Lebens-fragen, um mit einem Psychologen über das zu sprechen, was mir Probleme machte. Ich hoffte, dadurch Hilfe zu bekommen, denn auf gar keinen Fall wollte ich die so wertvolle gemeinsame Zeit durch unwichtige alltägliche Auseinandersetzungen zerstören. Natürlich habe ich diese Sache auch Gott anbefohlen und dafür gebetet. Und das erste Erstaunliche geschah!!! Als ich Eberhard von diesem Gesprächstermin vorab erzählte, sagte er spontan, dass er mitgehen möchte. Darüber freute ich mich sehr, besonders deshalb, weil es nicht seine Art ist, (wie bei vielen Männern) solche Unterhaltungen zu führen. Auch unsere Kinder waren total erstaunt darüber. Aber mein Liebster zeigte damit ganz klar, wie wichtig auch ihm ein gutes, harmonisches Zusammenleben ist. Der Therapeut äußerte sein Wohlwollen darüber, dass wir gemeinsam teilnahmen. Er meinte, das erlebe er leider sehr selten; in den meisten Fällen käme nur die Frau. Außerdem begrüßte er es, dass wir schon vor Beginn des Ruhestandes die Beratungsstelle aufsuchten. Somit vergeudeten wir nichts von dieser wertvollen Zeit. Das empfand ich als eine äußerst positive und motivierende

Einstimmung in unsere bevorstehenden Gespräche. Und die waren sehr gut!!! Wir haben nur drei Termine im Abstand von etwa sechs Wochen wahrgenommen. Das ist nun schon zwölf Jahre her. Als es dann endlich soweit war, und Eberhard Ende Juni den letzten Arbeitstag hatte, brach die neue Zeit für uns an. Ein herrlicher, warmer Sommer wurde uns beschert. Ich erinnere mich noch gut daran, wie wir uns schon vor dem Frühstück auf die Fahrräder schwangen und losradelten. Unser Ziel war die Bäckerei Sträßer in der Ortschaft Grötzenberg, wo ich schon als Kind die Backwaren für unser Geschäft holte. Danach ging es durch Wälder und Wiesen in wunderbarer frischer Sommerluft zurück, und ein Gefühl von Leichtigkeit, Glück und Dankbarkeit durchströmte mich. Anschließend frühstückten wir auf unserem Balkon und erlebten das alles wie einen unbegrenzten Urlaub. Durch das anhaltend schöne Wetter konnten wir unseren Tagesanfang bis in den Herbst hinein derart genießen, zumal zu diesem Zeitpunkt meine Mutter noch nicht so stark hilfsbedürftig war. Im nächsten Jahr sah das allerdings schon etwas anders aus. So ist unser Leben ständig in Bewegung, und im Rückblick stellen Eberhard und ich immer wieder mit großer Dankbarkeit fest, wie viel Gutes Gott uns geschenkt hat. Inzwischen ist natürlich das "Hochgefühl der ersten großen Freiheit" verflogen, aber wir genießen das Beisammensein sehr. Vieles machen wir gemeinsam, aber auch jeder hat seine eigenen Interessen, und das finde ich sehr wichtig. Mein Mann ist zu seiner eigenen Zufriedenheit voll und ganz ausgelastet. Ich erinnere mich noch gut an seine ersten Aktivitäten im sogenannten Ruhestand. Er baute einen Sandkasten für unseren damals zweijährigen Enkel Pascal. Etwas später wurde ein Baumhaus gezimmert, in welches inzwischen auch die anderen Enkelkinder im Sommer gerne hinaufklettern. Zudem ist das Sägen und Spalten von Holz mit eigener Muskelkraft Eberhards liebste Freizeitbeschäftigung, denn damit hält er sich körperlich so richtig fit. Um unseren Kachelofen zu heizen, brauchen wir schon einiges an Holzvorrat. Doch freuen wir uns im Winter auch immer über die wohlige Wärme, die dieser Ofen ausstrahlt. Jede Woche auf zwei Grundstücken Rasen mähen ist im Sommer angesagt, zudem Büsche und Sträucher schneiden und vieles mehr. Auch hilft der aktive Rentner jederzeit, wenn Hilfe bei Tochter und Schwiegersohn nötig ist. Zu meiner Freude betätigt er sich gerne etwas in unserem Haushalt und übernimmt unter anderem den anstrengenden Part des Staubsaugens, was mich sehr entlastet. Wandern, Rad fahren, lesen und Posaune blasen zählen auch nach wie vor zu seinen beliebtesten Freizeitbeschäftigungen. So waren unsere Bedenken, wie der Vater und Ehemann sein Rentnerleben gestalten würde, vollkommen überflüssig und unsere Kinder und ich um eine Erfahrung reicher!

Kreuzfahrt mit Steffi

Eine ganz besondere und unvergessliche Reise machte ich im November 1997 zusammen mit Steffi. Ihr langgehegter Wunsch war es schon immer, einmal eine Kreuzfahrt zu machen. Da ihr Mann sich dafür nicht begeistern konnte und Eberhard schon bei der kleinsten Bootsfahrt seekrank wird, kamen also nur wir zwei für diese Reise in Frage. Unsere Männer hatten auch nichts dagegen, zumal der Reisepreis damals sehr günstig war. Und was ich an Schönem, speziell mit Gott erlebte, war einfach unglaublich! Nachdem wir die nächtliche Busfahrt von Köln nach Venedig hinter uns hatten, tranken wir noch genüsslich einen Cappuccino auf dem Markusplatz und machten eine romantische Gondelfahrt. Dann ging es auf unser weißes Traumschiff, auf dem insgesamt 1100 Personen Platz hatten, davon 750

Passagiere. Die Reiseroute verlief über Jugoslawien, Griechenland, Ägypten, Israel, Zypern, Rhodos und Venedig. Eine Überraschung gab es schon am ersten Abend bei der Sitzplatzzuweisung. Die Gäste saßen, so ziemlich nach ihren Nationalitäten geordnet an Achter- oder Zehnertischen. Steffi und ich bekamen einen runden Tisch zugewiesen, an dem ein älteres Paar saß, Hilde und Gustav. Erwartungsvoll schauten wir uns gegenseitig an, und die Sympathie war sogleich auf beiden Seiten vorhanden. Gustav war Tscheche und ein richtiger "Bilderbuch-Gentleman" alter Klasse, braungebrannt, mit schneeweißem Haar und ausgesucht höflichem Benehmen. Hilde kam aus der Schweiz und war ebenfalls eine elegante Erscheinung. Sie besaß in Zürich eine große Wohnung und in Graubünden ein tolles Ferienhaus in unmittelbarer Nähe des Skigebietes. Gleich angrenzend befand sich ein altes renommiertes Hotel, in dem wir sehr nobel zu Abend aßen, als wir die beiden später einmal besuchten. Sie lebten nicht ständig zusammen, aber ihre Weltreisen unternahmen sie gemeinsam. Als Steffi und ich uns an diesem ersten Abend auch vorstellten und Hilde hörte, dass wir aus dem "Oberbergischen" kamen, bekam sie ganz große Augen. Dann erzählte sie Folgendes: Im Zweiten Weltkrieg sei die Mutter mit ihr und der jüngeren Schwester im Kinderwagen zu Fuß von Köln nach Eckenhagen gelaufen. Je älter sie wurde, desto stärker wurde in ihr der Wunsch, noch einmal diesen Ort ihrer Kindheit aufzusuchen. Ganz spontan lud ich sie ein, uns zu besuchen, dann könnten wir ihr diesen Wunsch erfüllen. Denn Eckenhagen sei nicht allzu weit von Waldbröl entfernt. So ist es einige Monate später auch tatsächlich dazu gekommen, und eine gute Freundschaft entstand. Für mich war es einfach unwahrscheinlich, auf einem Kreuzfahrtschiff mit 750 Passagieren an Bord, auf eine Frau zu treffen, die einen Teil ihrer Kindheit in unserer näheren Umgebung verbracht hatte.

Leider ist Hilde schon seit längerer Zeit an Alzheimer erkrankt, so dass sie sich heute an gar nichts mehr erinnern kann. Ob Gustav noch lebt, weiß ich nicht, aber was ich weiß, ist, dass er recht eifrig in der Bibel gelesen hat, die ich den beiden damals in die Schweiz geschickt hatte. Meine Bibel hatte ich natürlich auch mit auf die große Reise genommen. Aus ihr wurde mir am zweiten Tag ein ganz besonderes Wort zugesprochen. Es war später Nachmittag, als wir noch bei schönstem Wetter auf dem Oberdeck am Swimmingpool saßen. Innerhalb kürzester Zeit verfinsterte sich der Himmel, und es wurde so schwarz, als sei alles mit Ruß überzogen. Sturm kam auf, und brodelnde Wellen schaukelten das große Schiff hin und her wie eine Nussschale auf dem Wasser. Es konnte nicht mehr serviert werden wegen dem hohen Wellengang, und überall sah man Menschen mit veränderter Gesichtsfarbe. Steffi und ich suchten unsere Kabine auf, aber auf dem Weg dorthin erschreckten mich die dunklen tosenden Wassermassen, die man durch die Bullaugen sehen konnte. Wir nahmen eine Reisetablette ein, so durften wir das Essen bei uns behalten. Aber es schaukelte und schaukelte, so dass mir immer mehr angst und bange wurde. Meine Vorstellung war, in diesem Inferno vielleicht in die Rettungsboote umzusteigen. Steffi dagegen meinte, es schaukelte so schön, da könne man doch gut bei einschlafen. Derart unterschiedlich waren unsere Empfindungen. Aber bei mir war an Schlafen überhaupt nicht zu denken. Also griff ich in meiner Not zur Bibel und schlug sie einfach auf. Dort las ich die Worte aus Psalm 46:

Eine feste Burg ist unser Gott.

Darunter: Gott ist unsere Zuversicht und Stärke,

eine Hilfe in den großen Nöten, die uns getroffen haben.

Darum fürchten wir uns nicht, wenngleich die Welt unterginge und

die Berge mitten ins Meer sänken, wenngleich das Meer wütete und wallte

und von seinem Ungestüm die Berge einfielen . . .

Der Herr Zebaoth ist mit uns; der Gott Jakobs ist unser Schutz.

Ganz persönlich fühlte ich mich durch diese Worte von Gott angesprochen, und es kam eine wunderbare Ruhe über mich; so dass ich gut schlafen konnte. Am anderen Morgen empfing uns strahlendblauer Himmel mit Sonnenschein. Nach diesem Erlebnis kann ich gut nachvollziehen, wie den Jüngern zumute war, als der Sturm auf dem See Genezareth ausbrach. Doch sie saßen nur in einem kleinen offenen Boot. Aber immer da, wo Jesus eingreift, legen sich die Wellen. Inzwischen stehen in meiner Bibel bei "meinem Psalm 46" sechs verschiedene Daten am Seitenrand: 24.11.1997, 10.2.1999, 14.7.2000, 16.6.2001, 25.11.2001, und 20.9.2006. Hinter jeder Eintragung steht für mich eine besondere notvolle Situation. Ich möchte hier nicht jede einzelne beschreiben, aber an späterer Stelle die letzte doch noch erwähnen.

Nach diesem stürmischen Erlebnis genossen wir noch wunderschöne Urlaubstage mit unvergesslichen Eindrücken und guten Begegnungen. Aber das Bewegenste war für mich, einmal in Israel zu sein, an jenem Ort, an dem Jesus leibhaftig über diese Erde ging. Dort, wo er geboren wurde, das Evangelium verkündigte und später am Kreuz von Golgatha starb. Nach Bethlehem konnten wir mit dem Bus nicht ungehindert einreisen, denn es gab unmittelbar davor eine Schießerei. So musste der Busfahrer das lange Fahrzeug rückwärts eine steile Straße hinauf quälen, und uns blieb nichts anderes übrig, als abzuwarten, wie sich die Dinge weiterentwickelten. Nach geraumer Zeit gab ein Polizist das Zeichen zur Weiterfahrt, zu unser aller Erleichterung. Auch Jerusalem hat mich sehr beeindruckt, obwohl wir durch die kurze Zeit nicht allzu viel erkunden konnten. Als wir an der Klagemauer standen, sagte unsere israelische Reiseleiterin aus voller Überzeugung, dass Gottes Wiedererscheinen auf der Erde an dieser Stelle sein werde. Die griechische Reiseleiterin, die uns durch Athen und die Akropolis führte, hatte einen anderen markanten Satz parat: „Nun hat dieser Paulus doch so viel gepredigt, aber verändert hat sich bis heute gar nichts." Sich auf ein Gespräch mit ihr einzulassen, dazu fehlte natürlich die Zeit. Auf der Insel Rhodos blühte es noch in voller Pracht, zu einer Zeit, in der wir schon an den ersten Advent und den bevorstehenden Winter dachten. Am letzten Abend unserer Reise erlebten wir noch einen ganz fantastischen Sonnenuntergang auf See. Was ich auf diesem Schiff vermisste, war ein Pfarrer oder eine Pfarrerin an Bord. Die Vorstellung kam daher, dass ich einige Reiseerzählungen von der bekannten Theologin und Buchautorin Hanna Ahrens gelesen hatte, in denen sie ihre Erlebnisse als Schiffspastorin schilderte. Ich habe das auf der abschließenden Bewertung dieser Reise zum Ausdruck gebracht. Das war mir ein Anliegen, auch wenn es vielleicht nichts gebracht hat. Mir wurde sehr stark bewusst, dass sich auf diesem Schiff 1100 Menschen befanden. Für das leibliche Wohl war in überreichem Maße gesorgt, aber für das seelische Wohl war nicht ein einziger Ansprechpartner da. Denn ich erlebte, dass da, wo ich ging und stand, mir Menschen von ihren persönlichen Nöten erzählten. Da Steffi und ich nicht ständig zusammen waren, hatte jede von uns auch ihren Freiraum - und das trug sicher mit dazu bei, dass wir zum Abschluss unserer gemeinsamen Kreuzfahrt der einhelligen Meinung waren: „Das war eine absolute Traumreise!"

Wieder in Venedig angekommen, empfing uns unser Busfahrer mit den makabren Worten: „Ach, ihr lebt ja noch!" Diese Begrüßung resultierte daraus, dass zur gleichen Zeit eine deutsche Urlaubergruppe in Ägypten einen Terroranschlag im Bus erlebte, wobei etliche Touristen getötet wurden. Wieder kam mir zum Bewusstsein, wie sehr wir bewahrt blieben und freuten uns auf das nach Hause kommen, denn wir hatten sehr viel zu erzählen. Später habe ich dann einmal einen anschaulichen "Kreuzfahrtnachmittag" im Seniorenkreis mit vielen schönen Dias gestaltet. Das war für die alten Menschen sehr interessant, und mir machte es auch Freude, denn ich erlebte die Reise im Geiste noch einmal.

Eine weitere, aber diesmal kleine Reise unternahmen Steffi und ich im Mai 1999 in das Sauerland, bevor im September ihr zweites Baby zur Welt kommen sollte. Wir wohnten in dem wunderschönen Berghotel Astenkrone in Altastenberg, was wir in vollen Zügen genossen. - An dieser Stelle möchte ich aber auch erwähnen, dass ich nicht nur mit unserer Tochter und meiner Mutter verreist bin, sondern mit Eberhard im Laufe unserer Ehe unzählige schöne Urlaubsreisen machte, für die wir sehr dankbar sind. Zuletzt unternahmen wir 2009 eine Frühlingsreise an den Gardasee.

Eine schlechte Diagnose mit gutem Ausgang

Im Sommer 1999 ließ ich auf Anraten des Gynäkologen eine Mammographie vornehmen. Ich hatte mir keine besonderen Gedanken gemacht, war dann jedoch umso erschrockener über das Ergebnis. Der Arzt stellte einen ziemlich großen Knoten in der rechten Brust fest, der operativ entfernt werden musste, zumal er recht tief saß. Ob es sich nun um einen gut- oder bösartigen Tumor handelte, konnte natürlich erst nach dem Eingriff gesagt werden. Normalerweise hätte ich schnellstmöglich einen Krankenhaustermin vereinbart. Da jedoch unsere Tochter, die mich bei der Versorgung meiner Mutter vertreten konnte, mit ihrem Mann einen Urlaub gebucht hatte, wollte ich warten, bis die jungen Leute wieder zurück waren. Denn es war ja nicht abzusehen, wie sich die ganze Sache bei mir entwickeln würde. Naturgemäß stellen sich in einer solchen Situation Fragen und Ängste ein. Aber in mir hatte sich ein Liedvers ausgebreitet, der mir zum ständigen Gebet und Begleiter wurde: Gott ist und bleibt getreu, er tröstet nach dem Weinen und lässt nach dunkler Nacht die Gnadensonne scheinen. Er schickt die Prüfung oft und bleibet doch dabei ein Vater, der uns liebt. Gott ist und bleibt getreu. Dadurch bekam ich so viel Zuversicht und Kraft, dass ich während der Wartezeit nicht eine einzige schlaflose Nacht hatte. Nach etwa vier Wochen ging ich ins Krankenhaus, nachdem es noch einige Probleme mit meiner Mutter gegeben hatte. Sie, die geistig immer top fit war, wirkte plötzlich verwirrt und konnte nicht alleine gelassen werden. Aber auch da kam wieder Hilfe zur rechten Zeit! Ich bekam den Rat, jedoch nicht von einem Arzt, alle Medikamente, die sie wegen ihrer Parkinson Erkrankung regelmäßig einnehmen musste, sofort abzusetzen. Und außerdem meiner Mutter viel Flüssigkeit zuzuführen. Das Unglaubliche geschah, innerhalb von ein paar Tagen, hatte sich alles wieder normalisiert. Nun konnte ich endlich die Operation vornehmen lassen. Der Arzt hatte mich vorher über den vorgesehenen Ablauf informiert. Ich sollte nur zunächst nur eine Kurznarkose bekommen. Wäre das Ergebnis nicht gut, würde die Betäubung verlängert und weiter operiert werden. Nach der Operation noch halb benommen, hörte ich plötzlich, wie ein Arzt Anweisung gab, dass ich auf mein Zimmer zurück könne. Sofort war mir bewusst, dass ein guter Befund vorlag, was sich auch bestätigte. Ein unendliches Gefühl von Glück und Dankbarkeit durchströmte mich, und das war auch gleichzeitig mein Gebet zu Gott. Es dauerte nicht lange, da stand mein Mann schon an meinem Bett und war total erleichtert. Zu meiner großen Freude sprach er laut ein Dankgebet, was ich in dieser Art das erste Mal bei ihm erlebte. Das bewegte mich sehr. Am anderen Morgen suchte ich die Krankenhauskapelle auf, stellte mich vor den Altar und sang mit lauter Stimme den Liedvers, der mich so lange begleitet hatte: Gott ist und bleibt getreu, er tröstet nach dem Weinen… Die Akustik in dem Raum war fantastisch, so dass ich mein Danklied noch einmal erklingen ließ. Anschließend trug ich mich in dem ausliegenden Patienten- Gästebuch ein und schilderte in ein paar Sätzen, wie mein Mann und ich Gottes Hilfe wieder einmal erfahren hatten. Gott sei Dank war das bei allen anderen Operationen ebenso, die in den Jahren zuvor erforderlich gewesen waren. Ein sehr schönes Erlebnis hatte ich noch kurz vor meiner Entlassung. Auf dem Tisch meines Krankenzimmers stand ein herrlicher Strauß dunkelroter Rosen in einer Vase, die Eberhard mir mitgebracht hatte. Ich erkundigte mich nach der Zahl der Patienten auf der Station, es waren 22. Ich bat meinen Mann, Spruchkärtchen in der christlichen Buchhandlung zu kaufen. Dann startete ich mit großer Freude, mit je einem Spruch und einer roten Rose, meine „Besuchsaktion." Jeder Patientin stellte ich mich vor, erzählte von meiner Dankbarkeit und überreichte mein kleines Geschenk. Es wurde überall erfreut angenommen, doch vor allem erkundigte ich mich auch nach dem Befinden der jeweiligen Patientin. So entstanden gute Gespräche. Eine Frau freute sich ganz besonders über die Worte auf ihrer Karte. Es war, wie sie mir sagte, der Lieblingsvers ihrer Großmutter. Sogar zwei Herren traf ich als Patienten auf unserer Station an. Auch sie nahmen gerne beides entgegen. Jedes Mal, wenn ich „Nachschub" in meinem Krankenzimmer holte, zeigten sich meine „Bettnachbarinnen" sehr interessiert. Sie meinten, ich sähe so fröhlich aus. Und das war ich in der Tat!!!

Enkelkind Nummer zwei, drei und vier

Gegen Ende September 1999 war es dann soweit. Mit großer Erwartung sahen wir der Geburt unseres zweiten Enkelkindes entgegen, zumal wir auch nicht wussten, ebenso wenig wie unsere Tochter und unser Schwiegersohn, ob es eine "sie" oder ein "er" werden würde. Steffi und ich waren vorher des Öfteren unterwegs, um das Kinderzimmer und die Babyausstattung auszusuchen. Doch etwas Gedanken machte ich mir schon darüber, ob zum Zeitpunkt der Geburt überhaupt die Möbel stehen würden, denn das Haus stand im Zeichen des Umbaus. Eine Woche vor dem errechneten Geburtstermin ging ich abends noch mal hoch, und Steffi war gerade dabei, ein Mobile über das Kinderbettchen zu hängen mit den Worten: Wenn das Kind jetzt früher kommt, ist wenigstens alles fertig. Am anderen Morgen - Eberhard und ich saßen grade am Frühstückstisch - schellte es an der Haustüre. Etwas blass um die Nase, stand Thomas mit Basko an der Türe. Er sagte ganz ruhig, er möchte uns etwas zeigen und holte ein Polaroid-Foto hervor. Mit ungläubigem Staunen sah ich ihn darauf mit einem Baby auf dem Arm, und er informierte uns, dass in der Nacht ohne Komplikationen die Lara zur Welt gekommen sei. Er fügte noch hinzu, dass Steffi sehr tapfer gewesen war. Dann wanderten die beiden weiter. Eberhard und ich waren überglücklich und voller Dankbarkeit. Gespannt auf die tägliche Bibellese an diesem besonderem Tag, dem 27. September, lasen wir dann einen Vers, der mich zu Tränen rührte! Es war der Trau–Text, den sich Thomas und Steffi zu ihrer Hochzeit ausgesucht hatten: Psalm 25, Vers 4

Herr, zeige mir deine Wege und lehre mich deine Steige.

Zufall? Nein, ich glaube schon lange nicht mehr an Zufälle, wohl aber an Gottes Zuspruch, den er mir immer wieder in meinen persönlichen Lebenssituationen gibt. Die kleine Lara entwickelte sich sehr gut und wurde am 7. Februar 2000 getauft. Ihre Eltern suchten den Taufspruch aus Psalm 139, Vers 5 für sie aus:

Von allen Seiten umgibst du mich und hältst deine Hand über mir.

Und diese Zusage erfüllte sich schon kurze Zeit später, nachdem Lara am 2. März von der Wickelkommode fiel. Sie hatte einen schweren Schädelbruch. Wie der Arzt sagte, hatte er einen solchen noch nie bei einem Kind gesehen. Wir alle waren in größter Sorge, und ich benachrichtigte sofort die Frauen aus unserem Gebetskreis und bat sie um

Unterstützung im Gebet. Eberhard lag zur gleichen Zeit mit einer plötzlichen Blinddarmoperation im Krankenhaus, und so wechselte ich von einer Station zur anderen, um beide Patienten zu besuchen. Steffi war natürlich Tag und Nacht bei Lara, die sich erstaunlich rasch erholte. Die befürchteten, eventuell auftretenden inneren Blutungen im Gehirn traten nicht ein, und ich bin mir sicher, dass das eine Gebetserhörung war. Auch Eberhard überstand alles ohne Komplikationen, und so waren wir glücklich, als beide wieder gesund zu Hause waren. Spätere Untersuchungen bei Lara wiesen keinerlei Folgeschäden an ihrem Köpfchen auf, es war selbst für den Arzt unbegreiflich! ... Von allen Seiten umgibst du mich...

Als Lara fast zwei Jahre alt war, bekam sie eine kleine Schwester, die Sina. Aber deren Geburt war so spektakulär, dass es uns fast den Atem verschlug. Sie hatte es nämlich ganz eilig, auf die Welt zu kommen. Sie wollte nicht in die Klinik, keinen Arzt oder eine Hebamme dabei haben, nur den Papa. Und der war tüchtig gefordert, denn das war eine Premiere! Als die herbeigerufene und heißersehnte Hebamme aus einem entfernteren Ort endlich erschien, war Sina schon geboren und brauchte nur noch abgenabelt zu werden. Bei uns sah das so aus: Wieder am frühen Morgen, dem 8. September 2001, schellte das Telefon. Unser Schwiegersohn teilte uns mit, dass soeben unsere Enkelin Sina geboren sei. Ich war dermaßen perplex, und wusste nicht, was ich denken sollte. Denn wir waren darauf eingestellt, dass Lara zu uns kommen würde, wenn die Eltern in die Klinik führen. Auf meine Frage, wer denn das Kind geholt habe, antwortete Thomas kurz und knapp: Ich. Sofort fuhr ich Blumen und Brötchen holen, und dann nichts wie rauf zur Familie Karsten. Den Anblick werde ich nie vergessen! Sina mit dunklen Haaren und großen braunen Augen lag auf der Wickelkommode und wurde gerade von der Hebamme gemessen, anschließend in den "Badeeimer" gesteckt. Das gefiel ihr offensichtlich recht gut, während die Lara von Papas Arm aus das ganze Spiel mit ansah. Steffi stand daneben und betrachtete erleichtert und stolz ihre neugeborene Tochter. Dann gingen wir alle zusammen in die untere Etage und saßen gemeinsam auf der Eckbank um den Küchentisch, um zu frühstücken. Ich glaube, so gut hat mir noch nie ein Frühstück geschmeckt. Der frischgebackene Opa kam später auch noch dazu, ebenso der zukünftige Patenonkel Frank. Er brauste auf seinem Motorrad heran, freudestrahlend und mit Blumenstrauß. Also hatten wir alle die Besuchsfahrten in das Krankenhaus gespart, das war von Sina schon bestens organisiert. Doch unser Dank ging wieder an Gott, der alles so gut gefügt hatte.

Ja, „von allen Seiten umgibst du mich und hältst deine Hand über mir", das durften wir bei Lara wieder einmal erleben. Es war im Frühjahr 2002. Während des Spielens mit mehreren Kindern fiel sie draußen so unglücklich auf einen Stapel von Schieferplatten, dass sie sich schwer verletzte. Die Außenkanten dieser Platten waren messerscharf und schnitten ihr von der Unterlippe an mehrfach das Kinn auf. Ihre Eltern fuhren schnellstens mit ihr ins Krankenhaus, wo die langen Wunden sofort genäht wurden. Bei alledem war sie ganz ruhig und tat keinen Mucks. Steffi sagte später, wenn Lara etwas tiefer, also mit dem Hals aufgeschlagen wäre, hätte es die Halsschlagader getroffen - und dann hätte es sicher keine Möglichkeit gegeben, die Blutungen schnell genug zu stillen. So erinnern uns die Narben an Laras Kinn immer an diese wunderbare Bewahrung.

Im März 2003 erwarteten wir, ebenfalls wieder mit großer Freude, unser viertes Enkelkind. Am Donnerstag, dem 13.

März, rief unser Schwiegersohn morgens an und bat mich, hochzukommen. Die Hebamme war schon im Haus, und dann fuhren alle drei in die Klinik nach Engelskirchen, wo Steffi entbinden wollte. Ich kümmerte mich um die beiden Mädels und frühstückte mit ihnen. Nach einigen Stunden gespannten Wartens schellte endlich das Telefon und ich spurtete los. Aber - wo war das Mobiltelefon zu finden? In allen Zimmern rannte ich herum, doch die Suche blieb erfolglos. Dann klärte die Lara mich auf, dass die kleinere Schwester Sina das Telefon auch schon mal unter der Couch versteckte. Also, flach auf dem Bauch liegend, suchte die Oma dort, ebenfalls ohne Erfolg. Während das Telefon unentwegt weiterschellte, machte ich mich auf den Weg in die oberen Zimmer und wurde endlich im Badezimmer fündig. Etwas atemlos nahm ich von Thomas die frohe Botschaft entgegen, dass ein gesunder kleiner Ben angekommen sei. Das teilte ich dann den beiden Schwestern mit. Lara schaute still vor sich hin und sagte nach kurzer Pause: „Doch kein Mädchen!" Aber sofort schickte sie folgenden Satz hinterher: „Ach Oma, eigentlich ist das nicht so schlimm, wir haben ja schon genug von der Sorte!" Da konnte ich ihr nur beipflichten und animierte die Mädels dazu, nun ein Dank- und Freudentänzchen zu machen. Das ließen sie sich nicht zweimal sagen, und so wirbelten wir drei im Wohnzimmer herum. Wir fassten uns dazu an den Händen, und ich hatte sehr schnell Text und Melodie parat, mit dem wir Gott für den kleinen Ben danken konnten. Das fanden die beiden so schön, dass sie des Tanzens kein Ende finden wollten. Es war einfach herrlich, die Freude und den Dank mit den Kindern in dieser Form auszudrücken. Am frühen Abend war die kleine Sina so müde, dass ich sie mühelos in ihr Bettchen bringen konnte, wo sie auch sofort einschlief. Aber die dreijährige Lara hatte noch einen besonderen Wunsch. In ihrem Zimmer stand neuerdings ein kurzes ausrangiertes

Canapé. Darauf wollte sie gerne mit mir schlafen, was sich für mich jedoch als nicht so ganz bequem erwies. Trotzdem mochte ich ihr diesen Wunsch nicht abschlagen. So lag ich also, eng an Lara gedrückt, wobei meine Beine ab Wade frei herunterhingen. Egal, sie war glücklich und zufrieden. Als es dann aber ans Beten ging, hatte ich etwas verkehrt gemacht. Ich sprach nicht sofort das für sie gewohnte Kindergebet, sondern frei heraus mit Dank und Freude über Bens gute Geburt. Da hörte ich Lara ganz dicht neben meinem Ohr immerzu etwas flüstern. Als ich dann mal genau hinhorchte, vernahm ich die Worte: „lieber Gott, die Oma betet verkehrt, lieber Gott, die Oma betet verkehrt." Nachdem aber das Vertraute sich noch anschloss, und ich das gewünschte Abendlied gesungen hatte, war sie zufrieden. Ich fand es einfach rührend, dass sie den lieben Gott darauf aufmerksam machen wollte, vielleicht auch um Entschuldigung bat, dass die Oma "verkehrt betete." Dann fielen auch ihr die Äugelein zu, und ich konnte mich leise aus meiner unbequemen Lage befreien. Kurz darauf hörte ich auch schon ein Auto die Auffahrt heraufkommen. Basko, der treue Wachhund, wurde munter und Thomas kam heim. Da erfuhr ich dann, dass die Geburt doch nicht so ganz unkompliziert gewesen war, und die erfahrene Hebamme von einer vorher geplanten Wassergeburt abgeraten hatte. Der kleine Ben hätte unter Umständen dabei sofort ertrinken können durch seine verkehrte Lage. So war auch das wieder ein Grund zum Danken für Gottes Hilfe und Beistand.

Eberhards Herzinfarkt

Im Jahr 2006 gab es wieder neue Ereignisse in unserer Familie. Als Erstes etwas total Unerwartetes und Erschreck-endes. Eberhard bekam einen Herzinfarkt, und das ohne jede

Vorwarnung. Ich erinnere mich noch genau an den Sonntag des 25. März. Nach dem Gottesdienst, dem anschließenden Mittagessen und einer kleinen Mittagspause bekam er plötzlich Beschwerden im Brustbereich. Auf mein Drängen hin war er nach einiger Zeit bereit, mit mir ins Krankenhaus zu fahren. Nach verschiedenen Untersuchungen diagnostizierte man einen "Prä-Infarkt", was mir die Ärztin als Vorbote eines Infarktes auslegte. Noch am selben Abend wurde Eberhard auf die Intensivstation verlegt, da sich die ständig kontrollierten Werte sehr verschlechterten. Am anderen Morgen durfte ich ihn ganz kurz besuchen, bevor er operiert wurde. Man hatte eine Gefäßverengung am Herz festgestellt und Eberhard bekam an dieser Stelle einen "Stand" gesetzt. Es klappte alles wunderbar, und ich war überglücklich, meinen Mann schon am Donnerstag, also vier Tage später, wieder nach Hause holen zu können. Aber wie stark wurde uns auch da wieder bewusst, dass Gott seine schützenden und bewahrenden Hände über uns gehalten hatte. Bis heute konnte kein Arzt eine Ursache für diesen Infarkt feststellen, denn alle eventuellen Kriterien trafen bei Eberhard nicht zu. Kein erhöhter Cholesterinwert, Nichtraucher seit langen Jahren, kein Übergewicht, kein Stress, ein intaktes Familienleben, körperlich fit durch Wandern, Radfahren und Holzarbeiten im Wald und zu Hause. Vielleicht war das einfach eine Verengung der Arterien als Folge der Alterserscheinung.

Inzwischen sind schon wieder drei Jahre vergangen, und wir leben jeden Tag, den wir noch zusammen sein dürfen, sehr bewusst und dankbar. Wie oft stellen wir fest, dass wir nach fast 47 Ehejahren doch noch ein glückliches Ehepaar sind. Und das ist kein eigenes Verdienst, sondern ein Geschenk. So ist es natürlich unser großer Wunsch, dass wir im

September 2012, so Gott will, unsere Goldene Hochzeit feiern können.

Enkelkind Nummer 5

Wir genießen es, unsere Enkelkinder heranwachsen zu sehen und helfen zu können, wo es nötig ist. Aber das Allerwichtigste bleibt für mich, für alle und alles zu beten und Gott meine Nächsten anzubefehlen. Das habe ich auch oft meiner Mutter gesagt, wenn sie hin und wieder traurig war, dass sie gar nichts mehr tun konnte. Da stellte ich ihr die Wichtigkeit der Fürbitte vor Augen, und das tröstete sie dann wieder. Mit stiller Freude nahm sie es jedoch immer wieder wahr, wenn ihr von dem "Unterwegssein" eines neuen Urenkelkindes berichtet wurde. Das war für sie wie auch für uns ein spannendes und erwartungsvolles Ereignis

Vor allen Geburten der "Karstens-Kinder" war im Haus An- oder Umbau angesagt. Doch immer wurde alles rechtzeitig fertig, so auch bei dem vierten Kind. Es wurde von den drei größeren Geschwistern, ganz besonders von Lara, mit großer Freude und Spannung erwartet. Sie hatte mich auf eine originelle Art und Weise von dem "Unterwegssein" unterrichtet. Die ganze Familie inklusive Basko, dem Hund, drängte sich in unserer kleinen Küche. Wiederholt zerrte und zog Lara an mir, bis sie mit mir alleine im Nebenraum war. Dann sagte sie mit freudestrahlendem Gesicht: „Oma, ich muss dir ein Geheimnis verraten, wir bekommen ein Baby!" Ich holte tief Luft und frug nochmal nach. Doch sie wiederholte das Gesagte und lachte über mein überraschtes Gesicht. Steffi hatte das inzwischen mitbekommen und sagte ebenfalls lachend: „Jetzt hat die Lara unser Geheimnis schon verraten." (Aber das durfte sie wohl auch.) Außerdem meinte sie, dass genug Platz im Haus und das Auto auch groß genug sei, und wenn sie nun noch ein gesundes Kind bekämen, so sei das die Hauptsache. Diese Einstellung beruhigte mich sehr, da ich mir Gedanken über die viele Arbeit machte, die auf sie zukommen würde, und wieder hatten wir Grund, uns auf ein neues Menschenkind zu freuen. Da unser Schwiegersohn Thomas auch ein sehr guter Familienvater ist und anpackt, wo es nötig ist, gab es diesbezüglich keinen Anlass, sich Sorgen zu machen. Eberhard und ich bringen uns als Großeltern ja auch sehr gerne ein. So haben wir schon vor etlichen Jahren einen "Oma-Opa Tag" eingeführt. Da kommen dann alle Kinder nachmittags zu uns, so dass Steffi regelmäßig einige Stunden zur freien Verfügung hat. Das hat sich bisher als sehr hilfreich erwiesen. Abgesehen davon sind die Kinder jedoch auch zu anderen Zeiten mal bei uns, da wir ja sehr nahe bei einander wohnen, genauso wie der jetzt dreizehnjährige Pascal, der jeden Montag nach der Schule zu uns kommt oder auch mal am Wochenende übernachtet. Dabei entwickeln sich immer gute Gespräche. Doch nun zurück zu dem neu zu erwartenden Erdenbürger. Er entwickelte sich prächtig, und ich dachte wegen des Bauchumfanges von Steffi insgeheim schon an Zwillinge, zumal es in Thomas Familie welche gab. Aber dem war nicht so, und wieder waren wir gespannt wie bei allen Kindern, ob es wohl ein Junge oder Mädchen sein würde. Doch es ging noch einiges voraus. Das Kind lag verkehrt, also in Steißlage, und das sollte, wenn möglich, verändert werden. Also kam die Hebamme zu einem ganz bestimmten Zeitpunkt ins Haus und machte eine natürliche Behandlung nach ganz alter Methode (so unwahrscheinlich das auch klingen mag) unter den Fußsohlen der werdenden Mutter wurde Zigarrenrauch und die Wärme des Glimmstängels zum Einsatz gebracht. Danach wechselte zwar das Kind die Lage etwas, aber nicht so, dass es zur

Geburt richtig lag. Also wurde in eine Spezialklinik gefahren, um unter ärztlicher Aufsicht einen anderen Versuch zu starten. Doch das Erstaunliche war inzwischen geschehen, Steffi konnte sofort wieder nach Hause fahren, ohne ihre Tasche ausgepackt zu haben - das "neunpfündige" Kind hatte sich inzwischen völlig richtig zurecht- gelegt. Wir waren alle sehr glücklich darüber. Aber der errechnete Geburtstermin ging vorüber und Steffi bekam eine schwere Mittelohr- entzündung mit sehr starken Schmerzen. Ich dachte bei mir, so krank habe ich meine Tochter noch nicht gesehen, wobei jederzeit die Geburt erwartet werden konnte. Später sagte Steffi, wenn die Wehen zu diesem Zeitpunkt eingesetzt hätten, wäre sie nicht in der Lage gewesen, ein Kind zur Welt zu bringen. Das glaube ich ihr gerne, denn sie ist ansonsten sehr hart im Nehmen, wie man so sagt. Die Hebamme sagte allerdings, das Kind werde zu diesem Zeitpunkt nicht kommen, es warte, bis es der Mutter besser gehe. Doch darauf wollte ich mich nicht verlassen und nahm die Kinder mit in mein Giebelstübchen. Dort knieten wir nieder und beteten um Gesundung der Mama und eine gute Geburt. Am Abend desselben Tages geschah es, das Ohr ging auf, der Eiter lief heraus, und die Schmerzen ließen nach. Steffi sagte überglücklich, es sei für sie wie Weihnachten. Ich verstand sie gut, meinte sie doch damit, ein großes Geschenk bekommen zu haben. Und ein noch größeres bekam sie fünf Tage später, nachdem sie sich wieder erholt hatte. Am Morgen des 17. Mai 2006 war es dann soweit, Papa Thomas rief mich in der Frühe an, und ich eilte hoch zu den drei Kindern. Eberhard folgte, und wir frühstückten gemeinsam, während die Eheleute mit der Hebamme in die Klinik fuhren. Gegen 10 Uhr 30 schellte das Telefon, und Thomas verlangte die Lara. Sie nahm den Hörer, horchte, lächelte und hauchte ein „Ja." hinein. Dann gab sie das Telefon an Sina weiter, die ebenso reagierte wie die größere Schwester. Nun kam Ben

an die Reihe, der aber abwehrte mit den Worten: „will nit!"
Zum Schluss erfuhr die Oma, dass ein gesunder 4,5 kg
schwerer Phil innerhalb von einer halben Stunde zur Welt
gekommen sei. Das war eine Freude und unbeschreibliche
Dankbarkeit! Und wieder machte ich, dieses Mal mit drei
Kindern, einen kleinen Tanz, in dem wir unsere Freude und
Dankbarkeit zum Ausdruck brachten. Daran kann sich sogar
der Ben heute noch erinnern, obwohl er damals grade drei
Jahre alt war. So bekam meine Mutter einige Tage später ihr
achtes Urenkelkind in die Arme gelegt. Ich sehe noch ihren
glücklichen Gesichtsausdruck, obgleich durch die langjährige
Parkinson-Erkrankung ihre Mimik stark eingeschränkt war.

Leben als Großfamilie

Unsere Tochter wohnt mit ihrer großen Familie in
unmittelbarer Nachbarschaft von uns, worüber wir sehr
glücklich sind. Steffi und unser Schwiegersohn Thomas
konnten 1994 das Haus von Frau Witkowski kaufen, die ich,
wie schon erwähnt, eine Zeit lang pflegte. Nachdem ihr Mann
Anfang des Jahres verstorben war, zog sie zu ihrer Tochter
nach Düsseldorf. Ihr Wunsch war es, ebenso wie der ihres
Mannes, dass ihr Haus in gute Hände kommen sollte. Dabei
hatten sie an unsere Familie gedacht. Wir sehen das als
Gottes Wirken an, denn es war weder beabsichtigt noch
geplant, zumal Steffi und Thomas eine große schöne
Wohnung renoviert hatten, in die sie kurz zuvor eingezogen
waren. So denken wir mit großer Dankbarkeit, wie gut es ist,
nahe beieinander zu wohnen. Als Großeltern können wir
helfen, wo und wann immer es nötig ist. Andererseits war
Steffi schnell zur Stelle, wenn ich Hilfe, manchmal auch nur
einen Rat bei der Pflege meiner Mutter brauchte. Aber auch
unser Christoph wohnt nur einige Kilometer weit entfernt von

90. Geburtstag von Mama Juli 2003

uns, so dass er sehr schnell erreichbar ist, wenn wir ihn einmal brauchen. Pascal kommt jeden Montag von der Schule zu uns, bevor er zum Tennis fährt. Für Lara, Sina, Ben und Phil ist jeden Donnerstag "Oma-Opa Tag." Da wird es dann richtig lebendig, aber auch schön. Besonders im Sommer, wenn die kleine Gesellschaft mit Basko, dem großen Hund, anrückt. Es kam auch schon vor, dass Kater Gilbert sich noch anschloss. Dann hörten wir die Kinder schon von Weitem schnabulieren und sahen sie mit viel Gepäck ankommen, besonders wenn sie vorhatten, sich in unserem Garten- Swimmingpool zu vergnügen. Die Puppenwagen waren außer mit den Puppen zweistöckig bepackt. Schwimmflügel- und reifen, Badeschlappen, winzige Bikinis und Badehöschen, Handtücher und diverse Spielsachen. Mit Sonnenhütchen auf dem Kopf und Schwimmnudel um den Hals war es ein herrlicher Anblick! Dann wurden Luftmatratzen, Badeinsel und Schwimmtiere aufgeblasen und auf ging es zum fröhlichen Planschen. Später, wenn dann der große Hunger kam, backte ich Unmengen von Waffeln, versorgte jeden mit seinem Lieblingsgetränk und brachte sie gegen Abend nach Hause. An Herbsttagen sind Eberhard und ich schon oft mit den Kids in den Wald gezogen, haben dort eine Bude gebaut und richtig schön gespielt. Basko ist natürlich immer mit von der Partie und wartet ständig auf den Moment, wo es ans Picknicken geht. Nur wenn wir einen Hochsitz besteigen, muss er unten bleiben, natürlich angeleint. Ähnliche Ausflüge machten wir auch schon mit Pascal, als er noch klein war. Ich erinnere mich noch gut, als er sein erstes kleines Fahrrad bekam. Da machte ich mit ihm ein Radtürchen und wir bestiegen zwischendurch einen Hochsitz. Von dort oben hatte man einen weiten schönen Ausblick auf unsere Ortschaft. Da streckte der kleine Kerl seine Arme aus und sagte strahlend: „Oma, sieh mal, die ganze weite Welt!" Ein anderes Mal, er war etwa drei Jahre alt, saß er in der Nachweihnachtszeit abends neben mir am Kachelofen auf der Ofenbank. Eigentlich war es Zeit für ihn, ins Bett zugehen, er hatte auch schon seinen Schlafanzug an. Doch mit großem Interesse beobachtete er, wie ich mit einem Büttenschneider Tischkärtchen zurechtschnitt. Das wollte er auch machen und tat das mit wachsender Begeisterung. Seine Wangen färbten sich immer röter, zumal damit das leidige Zubettgehen hinausgezögert wurde. So sah er mich aus vollem Herzen dankbar mit strahlendem Lächeln an und sagte einen Satz zu mir, der ihm aus tiefster Seele kam: „OMA, ich LIEBE DICH!!!" Diese Liebeserklärung werde ich nie vergessen. So manch originelle Begebenheit mit den Enkelkindern schrieb ich im Laufe der Zeit - teilweise auch in Versform - auf. Vielleicht können sie sich später einmal über diese Geschichten freuen und wissen sie zu schätzen.

Am Bootssteg liegt der weiße Kahn vom Wind ganz sanft geschaukelt,

nur hin und wieder stößt er an, von Schmetterlingen umgaukelt.

Libellen gleiten durch die Luft, manchmal sogar sie purzeln,

angelockt vom Tannenduft taumelnd auf deren Wurzeln.

Die Wasserrosen auf dem See, sie bekamen neue Triebe,

Blüten streben in die Höh, ihre Blätter auf dem Wasser wiegen.

Die kleine Insel ruht ganz still, umspült von leichten Wellen,

nichts den Frieden stören will, nicht mal ein Hundebellen.

Ein Flieger hoch am Firmament zieht ruhig seine Bahn;

entfernt sich leise zum andern End - wo kommt er an?

Dann, in der Ferne hört man weit das Abendglocken-läuten,

es mahnt uns: "Mensch, bist du bereit für GOTT zu allen Zeiten?"

Vergiss es nie, woher du kommst und wohin du willst gehen,

so wirst du, wenn ich wiederkomm, vor mir, dem Schöpfer stehen.

Dann möchte ich mit frohem Herz Gott danken für mein Leben;

ER hat viel Freude mir wie auch den Schmerz, ja, alles mir gegeben.

Doch Jesus Christus, Gottes Sohn, ist mir zum Freund geworden,

er kam herab vom Himmelsthron, ist auch für mich gestorben.

Mit Vater, Sohn und Heiligem Geist, da werd ich ewig leben,

wenn ich von dieser Welt gereist, wird Frieden mich umgeben.

Abschied von meiner Mutter

Meiner Mutter ging es in der folgenden Zeit gesundheitlich immer schlechter, aber der Geist blieb klar bis zuletzt. Ich hatte jedoch seit einigen Jahren bei der Pflege Hilfe bekommen, denn ich schaffte es nach so langer Zeit der Krankheit nicht mehr alleine. Mein Körper signalisierte durch Herz-, Magen- und Rückenbeschwerden, dass es zu viel war und unser Hausarzt bestätigte das. Da war guter Rat teuer, denn ich wollte die Mama auf gar keinen Fall aus dem Haus geben. Doch wieder griff Gott auf wunderbare Weise innerhalb von ein paar Tagen ein und schickte uns eine Frau, wie ein Engel vom Himmel gesandt. Sie wurde für uns alle zum Segen, denn meine Mutter wurde auf das Liebevollste versorgt, und ich konnte beginnen, mich wieder zu erholen. Dadurch, dass Mama, bedingt durch ihre Krankheit, oft hinfiel, war ich Tag und Nacht in Anspannung. Sie hatte die Wohnung unter uns, und so horchte ich auf jedes laute Geräusch. Wie oft eilten Eberhard und ich nach unten und mussten sie nach einem Fall wieder aufheben. Einmal hatte sie einen Wirbel angebrochen und wurde ins Krankenhaus eingeliefert, ansonsten lief es immer glimpflich ab. Es grenzt für mich fast an ein Wunder, denn sie fiel oft so unglücklich, dass ich meinte, sie sei schwerverletzt. Einmal fiel sie mit dem Kopf auf einen Heizkörper. Ich gab ihr jeweils sofort Arnika ein, und sie bekam kaum einen blauen Flecken, nicht mal starke Schmerzen. So hatte Gott immer Engel für sie bereit. Mama lebte in enger Verbundenheit mit ihrem Herrn Jesus Christus, das spürte man. Auch wenn sie keine großen Worte darüber machte, das war nicht ihre Art. Jeden Abend, wenn sie zur Nacht fertig war, ging ich mit der Gitarre zu ihr ans Bett, spielte und sang ihre Lieblingslieder und betete mit ihr. Selbst, als sie kaum noch sprechen konnte, sagte sie zum Abschluss klar und deutlich: „Amen." Manchmal kam noch ein

„Danke" hinterher. Was sie ganz besonders liebte, war der Text aus dem Heidelberger Katechismus, den sie zu ihrer Goldkonfirmation am 2.10.1977 in der Friedhofskirche Wuppertal-Elberfeld bekommen hatte. Er lautete:

Was ist dein einiger Trost im Leben und im Sterben?

Dass ich mit Leib und Seele, beides, nicht mein,

sondern meines getreuen Heilandes Jesu Christi eigen bin.

Ich hatte ihr dieses Textblatt gerahmt, und von ihrem Sessel aus, in dem sie immer saß, konnte sie darauf sehen. Obwohl sie die Worte ja auswendig konnte, bat sie mich manchmal darum, den eingerahmten Vers von der Wand zu nehmen und mit ihr gemeinsam zu sprechen. Inzwischen hängt er bei uns in der Diele. Ein Abschiedsgeschenk, so empfand ich es, machte mir Mama etwa drei Wochen vor ihrem Tod. Obwohl noch bei vollem Bewusstsein, hatte sie schon einige Zeit nicht mehr gesprochen. Als ich dann einmal bei ihr am Bett saß, fing sie plötzlich an zu singen. Klar und deutlich, mit richtiger Melodie, sang sie alle Strophen des Liedes:

So lang mein Jesus lebt und seine Kraft mich hebt,

muss Furcht und Sorge von mir fliehn, mein Herz in Lieb erglühn.

Ich war dermaßen überrascht und ergriffen, dass ich begann, die Verse des Liedes: Befiehl du deine Wege aufzusagen. Und dann gab es die zweite Überraschung: Mama sprach von den zwölf Strophen neun fließend mit. Es war für mich unfassbar und zeigte mir wieder einmal mehr, wie wertvoll es ist, die alten guten Lieder und Texte auswendig zu können. Danach hat sie nicht mehr gesprochen, und ihre Augen hatten oft den Ausdruck, als sähen sie schon in eine andere Welt. Zwei Wochen vor ihrem Tod bekam sie einen Erstickungsanfall. Das war so schrecklich mit anzusehen, dass ich ab da ständig betete, Gott möge sie nicht auf diese Art und Weise sterben lassen. Und meine Bitte wurde erhört. Am Abend des 8. Februar 2007 nahm Gott, der Herr, sie zu sich, in dem sie einfach einschlief. So durfte sie nach einem erfüllten Leben im Alter von fast 94 Jahren zu ihrem Heiland und Erlöser gehen. Das gab mir Trost und Dankbarkeit in aller Traurigkeit. Einen Tag und eine Nacht behielten wir Mama noch bei uns im Haus. Sie war aufgebahrt in ihrem Eheschlafzimmer, umgeben von vielen Blumen und Kerzen. Ganz jung und entspannt sah sie aus mit einer feinen Gesichtshaut ohne jegliche Falten. Das war an ihr oft so bewundert worden in dem hohen Alter. Als unser Pfarrer am nächsten Morgen kam, meinte er, sie liege ja wie eine Königin da. Dann kam die ganze Familie, und wir verabschiedeten Mama mit einer kleinen Aussegnungsfeier, bevor sie ihr irdisches Zuhause für immer verließ. Jeder, der mochte, schrieb noch einen kleinen Gruß, oder ein Dankeschön und legte es auf das Deckbett. Noch oft am Tag ging ich zu ihr ins Schlafzimmer und sang zur Gitarre ihr Lieblingslied. So konnten wir als Kinder, Schwiegertöchter und -söhne, Enkel und Urenkel würdevoll von Mama Abschied nehmen.

Mit den Kindern auf dem Friedhof

Bei schönem Wetter spaziere ich so manches Mal mit den Enkelkindern auf den nahegelegenen Friedhof. Es ist ein ruhiger, wenig befahrener Weg, auf dem die Kinder sich sehr gut mit ihren Fahrzeugen wie Laufrad, Roller oder Fahrrad austoben können. Basko ist natürlich immer mit von der Partie und genießt diese Ausflüge zu unserem schönen Waldfriedhof, obwohl er weiß, dass er am Tor angeleint wird. So war ich auch einmal mit Ben und Phil dort, um das Grab etwas aufzuhacken. Ben wollte sich unbedingt mit betätigen und hackte tüchtig drauflos. Da der Boden sehr steinig ist und ich Bedenken hatte, dass er dadurch die Steine nach oben buddelte, bat ich ihn, nicht so tief zu arbeiten. Daraufhin hielt er ganz erschrocken inne und fragte: „Oma, wie tief liegen denn die Menschen da drinnen?" Kurze Zeit später kamen seine nächsten Fragen, als der kleine Kerl nachdenklich vor dem großen Holzkreuz stand, das auf der Anhöhe unseres Friedhofes steht: „Oma, hat an dem Kreuz der Jesus gehangen?" Ich erklärte ihm, dass es an solch einem Kreuz gewesen sei, aber nicht an diesem, da die Kreuzigung schon fast zweitausend Jahre her sei. Plötzlich zog aus heiterem Himmel ein Gewitter auf und Ben fragte: „Oma, warum kann man den Donner nicht sehen?" Ich sagte, dass es viele Dinge gibt, die man nicht sehen, aber doch spüren kann, wie zum Beispiel den Wind. Darauf seine Antwort: „Ja, wie bei dem Jesus. Den sehen wir erst, wenn er bei der Wolkenfahrt wieder auf die Erde kommt. Und dann sehen wir auch die alten Rittersleut!" Da musste ich doch schmunzeln, denn zu der Zeit war er sehr stark mit seiner Ritterburg und deren Bewohnern befasst. Überhaupt machte sich Ben, damals erst vier Jahre alt, viele Gedanken um Tod und Auferstehung. Ich erinnere mich, dass ihn sogar das Sterben von der Ziege unseres Nachbarn sehr beschäftigte. Er besuchte sie gern auf der Wiese, aber eines Tages war sie nicht mehr da. Daraufhin fragte er mich, ob er die Ziege im Himmel auch wiedersehen werde. Kürzlich wollte er von mir wissen, wie das sein werde, wenn Jesus wiederkommen würde und die Menschen alle aus den Gräbern heraushole Sicher wären doch dann viele Engel als Helfer zur Stelle. Immer ist eine freudige Erwartung auf seinem kleinen Gesicht, wenn er von diesen Vorstellungen spricht. Er sagte mir sogar, dass er mein und Opas Grab später immer schön in Ordnung halten werde, wenn wir einmal tot seien. Das fand ich richtig rührend. Über die Geschichten in seiner Kinderbibel macht er sich auch viele Gedanken. Dazu hat er oft Fragen, mit denen ich mich manchmal etwas schwer tue. Seinem Abendgebet fügt er stets als abschließende Bitte hinzu: „Lieber Gott, schicke mir keine bösen Träume und keine schlechten Träume, nur gute Träume, schöne Träume, oder gar keine Träume." Das wiederholt er dann noch einmal. Sina, die nur eineinhalb Jahre ältere Schwester, schläft z. Zt. mit Ben zusammen in einem Zimmer. Sie sagt nach der ersten Bitte um gute Träume immer laut und deutlich: „Amen!" Worauf der kleine Bruder sehr ärgerlich reagiert und darauf besteht, zweimal das Ganze vor den lieben Gott zu bringen. Vielleicht nach dem unbewussten Motto: Doppelt genäht, hält besser. Es ist für mich immer ein besonderes, wenn auch anstrengendes Erlebnis, die Kinder hin und wieder ins Bett zu bringen. Mit den Vieren bin ich dann gut eine Stunde beschäftigt, während die Eltern zum Beispiel auf einem Elternabend oder einer Geburtstagsfeier sind. Phil, der Zweijährige, kommt zuerst an die Reihe mit Vorlesen, Beten und Singen. Danach gehe ich zu Sina und Ben ins Zimmer, das gleiche Ritual, jedoch von unzähligen Fragen unterbrochen. Inzwischen hat sich jedoch der kleine Wicht auch eingefunden und macht mit seinen Clownereien den Störenfried. Also schicken wir ihn zu der "großen Schwester

Lara", die ihn sehr gerne in ihr Bett aufnimmt. So kommt Phil also zweimal in den Genuss, den abendlichen Abschluss zu erleben, nämlich noch einmal mit Lara und mir.

Kindergespräche

Er ist schon ein ganz pfiffiges Kerlchen mit seinen zwei Jahren und fast immer sehr fröhlich. Kürzlich nahmen wir ihn mit in ein Waldbröler Café. Er suchte sich einen Donut und ein Tütchen Orangensaft aus, was er mit sichtlichem Wohlbehagen verzehrte. Als wir auf der Heimfahrt waren, versuchte ich ihm beizubringen, wo wir gewesen waren, damit er der Mama davon berichten konnte. Also bat ich ihn mehrmals, einmal "Cafe Ulbrich" zu sagen. Sogar der Opa schaltete sich noch mit ein. Aber nichts geschah, Phil hielt den kleinen Mund fest geschlossen und lächelte mich nur an. Doch nach kurzer Pause ertönte es plötzlich hinter uns, laut und deutlich: „Restauroo!" Und das mit echt französischem Akzent! So konnten wir als Großeltern auch wieder etwas dazulernen. Viel Spaß machte mir auch immer die Unterhaltung zwischen Sina und Ben, wenn ich sie dienstags aus dem Kindergarten abhole. Als Erstes gab es allerdings fast jedes Mal Unstimmigkeiten bezüglich der Sitzplätze, beziehungsweise wer vergangene Woche hinter mir gesessen hatte. Das erledigte sich dann aber sehr schnell, indem ich sagte, dass ich einen kleinen Spaziergang in der Nähe mache. Wenn sie sich einig wären, möchten sie laut nach mir rufen. Ich war kaum fünf Schritte gegangen, dann öffnete sich die Auto Türe und es tönte heraus: „Oma, wir können fahren." Sofort fing Ben an, eine soeben gehörte Geschichte zu erzählen, die ihn sehr gefesselt hatte. Wenn er aber in seiner präzisen Art gerade dabei war, zum Höhepunkt zu kommen, redete Sina ihm blitzschnell darein und nahm ihm die Pointe weg. Dann wurde er so ärgerlich, dass ihm fast die Tränen kamen. Einmal hatten die beiden das Thema Hochzeit und Heiraten. Ben sagte, dass er sehr gerne die Mama heiraten würde, weil die Mama ja so schön sei. Und dann bekräftigte er das noch einmal mit den Worten: „Die Mama ist ja soo schön!" Doch Sina belehrte ihn, dass das nicht in Frage käme, weil die ja nun schon den Papa habe, was Ben auch einsah. Er schob dann aber noch nach, dass er eben wegen dieser Schönheit die Mama ein ganz kleines bisschen lieber habe wie den Papa, woraufhin Sina sich wieder einschaltete mit den Worten: „Ach, Ben, die Frauen sind doch fast immer schöner wie die Männer." Und zu mir gewandt sagte sie: „Oma, du bist auch schöner wie der Opa!" Solch ein herrliches Kompliment auf diese Art und Weise dargebracht geht natürlich runter wie Öl. Immer wieder bin ich unendlich dankbar dafür, mitzuerleben, wie die Enkelkinder heranwachsen, und wir an ihren Erlebnissen und Gedanken teilhaben dürfen. Kürzlich wurde in einer Zeitschrift, die nach Enkelerlebnissen gefragt hatte, ein Beitrag von mir über Ben mit Foto, veröffentlicht. Als ich ihm das zeigte, rief er laut: „Juchhu, jetzt bin ich berühmt." Aber die neunjährige Schwester Lara holte den stolzen kleinen Bruder mit zurechtweisenden Worten auf den Boden der Tatsachen zurück: „Ach Ben, was denkst du, wie oft ich schon in der Zeitung war!" Sie meinte damit ihre Leistungen im Turnverein. Was Ben jedoch nicht davon abhielt, der Oma Edith mit gleicher Begeisterung von seiner Berühmtheit zu berichten. Über Lara habe ich kürzlich auch wieder mal sehr gestaunt, als ich mit ihr über Wünsche und Träume sprach. Das ergab sich durch ein Thema für unser Frauenfrühstückstreffen: "Entdecke den Traum, der in dir lebt." Sie sagte, dass Gott manchmal unsere Wünsche nicht erfüllen würde, weil er etwas Besseres vorhabe. Und dazu hatte sie eine Geschichte parat, die sie im Kindertreff gehört hatte: Ein Missionar war mit seiner Frau auf dem Weg zum Flughafen, um nach Afrika zu einem Missionseinsatz zu fliegen. Unterwegs hatte das Auto eine Panne, und die beiden verpassten das Flugzeug, worüber sie ärgerlich und traurig waren. Als sie wieder zu Hause ankamen, erfuhren sie, dass die Maschine abgestürzt war und keiner der Passagiere überlebt hatte. So verstand Lara das auch als eine Bewahrung für das Ehepaar.

Der ERF – wichtiger Bestandteil des Tagesbeginns

Ein ganz wichtiger Bestandteil unseres täglichen Lebens ist seit einigen Jahren für mich und Eberhard der Evangeliums-Rundfunk ERF. Eine junge Frau, die ich auf einem unserer Frauenfrühstückstreffen kennenlernte, sprach mich auf diesen Radiosender an. Ich hatte schon mal davon gehört, aber wir konnten ihn nicht empfangen. Ulrike, so heißt sie, klärte mich über die Möglichkeiten auf. Außerdem hatte sie im Bekanntenkreis einen Mann, der ehrenamtlich für den ERF arbeitete. Er kam zu uns ins Haus, nachdem wir zwei Funklautsprecher gekauft hatten und stellte die passende Frequenz in unserem Fernsehapparat ein. Dann schloss er die Lautsprecher an. Seitdem können wir in jedem beliebigen Zimmer das ERF-Programm hören. Wir empfangen ihn über Satellit, aber es gibt auch noch andere Möglichkeiten, wie zum Beispiel Kabel oder Internet. Seit März 2009 gibt es zusätzlich einen eigenen Fernsehkanal unter dem Namen ERF eins, der rund um die Uhr ein 24-Stunden Programm sendet. Somit ist das eine sehr gute Möglichkeit, Menschen in aller Welt die christliche Botschaft über das Fernsehen zu bringen. In diesem Jahr feiert der Radiosender sein fünfzigjähriges Bestehen und ist für unzählige Hörerinnen und Hörer wie auch für uns, zum Segen geworden. Ich erinnere mich noch sehr gut daran, wie ich im April 2001 den ERF zum ersten Mal anstellte. Ich war sehr gespannt - und aus dem Lautsprecher ertönte ein Lied, was mir in dem Moment total unter die Haut ging: "Die Gott lieben werden sein wie die Sonne, die aufgeht in ihrer Pracht!" Es war eines von den Liedern, die wir auch im Gemischten Chor miteinander gesungen hatten. Einige Tage später, es war Passionszeit, ging mir schon am frühen Morgen folgende Liedstrophe durch den Kopf:

Jesu, deine Passion will ich jetzt bedenken.

Wollest mir vom Himmelsthron

Geist und Andacht schenken.

In dem Bilde jetzt erschein

Jesu meinem Herzen,

wie du, unser Freund zu sein,

littest alle Schmerzen.

Ich stellte den ERF an, und eben dieses Lied tönte mir entgegen. Zu einem anderen Zeitpunkt führte ich ein Gespräch mit einer jungen Frau über Religion und den christlichen Glauben. Es entwickelte sich so, dass ich danach an das Lied erinnert wurde, in dem es heißt: *Gott spannt leise feine Fäden, die man leicht ergreifen kann.* Und genau diese Worte hörte ich, als ich das Radio anschaltete! Dann denke ich immer, deutlicher kann Gott doch gar nicht zu mir sprechen! Eine nette kleine Anekdote habe ich dazu auch noch in Erinnerung. Unser damals fünfjähriger Enkel Pascal übernachtete bei uns. Durch sein Wachstum bedingt, bekam er plötzlich in der Nacht starke Schmerzen in den Beinen und weinte sehr. Wie er sagte, habe die Mama eine schwarze Salbe dafür, die ich aber nun nicht zur Hand hatte. Die Schmerzen traten schubweise auf, und ich wusste ihn nicht zu beruhigen, auch tat mir der kleine Kerl sehr leid. Da kam mir plötzlich eine Idee. Ich sagte zu ihm, dass wir ein neues Radio hätten und wir das im Wohnzimmer mal einschalten würden. Also zogen wir mit allem Bettzeug auf die Couch. Gespannt erwartete Pascal, was nun kommen würde. Doch in dieser nächtlichen Stunde gab es nur fremdsprachliche Sendungen zu hören. Trotzdem hörte er eine Weile interessiert zu und schlief dann darüber ein. Als er am andern Morgen wach wurde, sagte er mit einem strahlenden Lächeln: „Oma, wenn ich wieder einmal Beinschmerzen in der Nacht habe, dann gehen wir wieder auf die Couch und hören Radio." Doch glücklicherweise blieb das ein einmaliges Erlebnis! Für meinen Mann und für mich ist es jedoch jeden Morgen etwas einmalig Schönes, den Tag mit der Sendung "Aufgeweckt" zu beginnen. Wir schalten sie ein, wenn wir noch im Bett liegen. So können wir in aller Ruhe und ohne jede Ablenkung gemeinsam auf Gottes Wort hören, den Liedern lauschen und manchen guten Anstoß mit in den Tag nehmen. Ich kann mir keinen besseren Tagesanfang vorstellen. Vielen Menschen habe ich im Laufe der Jahre davon erzählt, und es sind sicher inzwischen über vierzig Häuser, in denen seitdem der ERF eingestellt wurde. Ich fuhr dann des Öfteren mit dem ERF-Mitarbeiter am Wochenende in die umliegenden Ortschaften, wodurch auch mancher gute Kontakt entstand. Das Programm ist sehr vielseitig, so dass sich jeder das für ihn Passende aussuchen kann. Dazu gibt es das Programmheft, die "Antenne". Sie wurde auch kürzlich unserem nordrhein-westfälischen Ministerpräsidenten Jürgen Rüttgers überreicht. Mein Wunsch ist, dass viele Politiker in Verantwortung vor Gott ihr Leben führen und gute Entscheidungen treffen, die dem Wohl der Menschen dienen.

Nur so kann Veränderung geschehen in einer Welt, in der zurzeit alles drunter und drüber zu gehen scheint. Aber Gott wird das letzte Wort behalten, der von sich sagt:

Ich bin das A und das O, der Anfang und das Ende.

Begegnungen mit anderen Christen

Immer wieder begegnen mir Menschen, die von ihren Begegnungen und Erfahrungen mit Gott erzählen. So auch kürzlich auf einer Ferienreise an den Gardasee. Mein Mann und ich bekamen durch einen glücklichen Zufall die hinteren Plätze im Bus in Form einer Rundcouch mit kleinem Tisch. Über die größere Bewegungsfreiheit und die Möglichkeit zu schreiben freute ich mich sehr. Doch kurz vor der Abfahrt stieg noch ein alter Herr hinzu, der zielstrebig, auf seinem Stock gestützt, auf unsere kuschelige Sitzecke zusteuerte. Höflich fragte er nach, ob noch ein Platz frei sei, was wir bejahten und glücklich lächelnd ließ er sich nieder. Ich beobachtete ihn eine Weile und stellte fest, dass er etwas Besonderes an sich hatte. In seinen Augen entdeckte ich ein eigenartiges Strahlen, und das Lächeln verschwand auch nicht aus seinem Gesicht. Kurz darauf kamen wir ins Gespräch, und er erzählte mir, dass Reisen seine große Leidenschaft sei, und an diesem Tag startete er nun seine hundertneunzigste Reise. Was er mir dann mit großer Freude und Intensität erzählte, erstaunte mich über alle Maßen! Der alte Herr hatte ein Gedächtnis, von dem mancher jüngere Mensch nur träumen kann. Lückenlos und präzise konnte er aufzählen, wann und wo er in welchem Hotel seinen Urlaub verbracht hatte. Ganz interessant war es auch zu hören, wie und wohin er seine erste Reise vor circa 60 Jahren gemacht hatte. Da gab es noch kein fließendes Wasser auf dem

Zimmer, und außer Bett, Schrank und Stuhl kein weiteres Mobiliar. Aber er erinnerte sich sehr gerne daran, wobei er jetzt unterwegs in ein 4-Sterne Hotel war. Doch zwischen den einzelnen Reisebeschreibungen betonte er immer wieder, wie froh er sei, dass er nicht geheiratet habe, sonst hätte er wahrscheinlich so viel Schönes nicht erleben können. Dabei konnte ich es mir nicht verkneifen zu sagen, dass mein Mann und ich aber sehr glücklich darüber wären, schon fast 47Jahre verheiratet zu sein. Aber dann erklärte er, welche Freude er als Junggeselle habe und sagte, dass er eine riesengroße Familie habe. Es seien 449 Menschen, für die er jeden Tag bete und die er Gott anbefehle. Im Laufe seines langen Lebens habe er sie kennengelernt und immer noch würden neue dazukommen. Gott schenke ihm eine große Liebe zu den Menschen, und er, Josef, möchte, dass keiner verlorengehe. Jeden Morgen fahre er schon um sieben Uhr mit dem Bus in die entfernte Kirche, um dort Einkehr zu Beginn des Tages zu halten. Außerdem erzählte er mir von ganz konkreten Gebetserhörungen, die er immer wieder erlebe. Gesundheitlich hatte er einiges zu ertragen, aber das minderte nicht seine Freude, wenn er von dem sprach, wovon sein Herz voll war. Ich war sehr bewegt und angerührt, konnte mich aber leider nicht so mit ihm unterhalten, wie ich es gerne getan hätte, weil er schwerhörig war. Deshalb hatte Eberhard sich auch schon länger in sein Buch vertieft, weil diese Unterhaltung zu Dritt recht anstrengend war. Aber später erzählte ich ihm die Lebens- und Glaubensgeschichte von Josef, damit er doch noch Anteil nehmen konnte. Plötzlich kam es mir in den Sinn, dem alten Herrn einen Brief zu schreiben und ich begann sofort damit. Es war mir ein inneres Anliegen, ihm mitzuteilen, dass mein Mann und ich auch gläubige Christen seien und unser Zusammentreffen sicher kein Zufall sei. Schließlich hatte ich vier Seiten voll und beendete den Brief mit Segenswünschen für ihn und dem

Psalm 23: *Der Herr ist mein Hirte.* Bevor Josef ausstieg und sich verabschiedete mit den Worten: „Auf Wiedersehen, vielleicht dort oben", gab ich ihm meinen Brief. Umständlich steckte er ihn in seine Brusttasche und stieg schwerfällig, aber aufrecht, nach langer zwölfstündiger Fahrt aus dem Bus. Ich empfand große Hochachtung vor diesem 87-jährigen Mann, der mit strahlendem Gesicht sagte, wie sehr er sich auf den Himmel freue und gespannt darauf sei, wen er alles wiedersehen werde. Dazu fiel mir die Bibelstelle Matthäus 18,3 ein in der Jesus sagt:

Wenn ihr nicht umkehrt und werdet wie die Kinder,

so werdet ihr nicht ins Himmelreich kommen.

Einige Tage später, schon wieder ganz im Alltag eingebunden, klingelte das Telefon und Josef meldete sich mit der Frage, ob er störe. Als ich das verneinte, sprach er von Überraschung und Freude über meinen Brief und vieles mehr. Zwischendurch fragte er aber immer wieder, ob ich noch etwas Zeit habe. Für solche Gespräche habe ich natürlich immer Zeit, denn sie sind mir ganz wichtig! Wir verabschiedeten uns mit der gegenseitigen Zusage füreinander zu beten, so bin ich jetzt sicher der vierhundertfünfzigste auf Josefs Liste. Ich habe die Gewissheit, nochmal von ihm zu hören, denn es war ihm offensichtlich wichtig, Kontakt zu halten. Für mich war es eine Bereicherung, ihn kennenzulernen und ich bin dankbar dafür.

Inzwischen ist bei uns ein Urlaubsgruß von unserem "Reiseonkel Josef" eingetroffen, der einige Wochen später schon wieder on tour war. Eine Ansichtskarte der Pfarrkirche

St. Leonhard in Passeier ließ er uns zukommen, sein Urlaubsort war jedoch Meran in Südtirol. Sicher wird er wieder neue Menschen kennen- und lieben gelernt haben, die er dann seiner Gebetsliste noch hinzufügen wird.

Ein Gruß von Gott, dem Sohn und dem Heiligen Geist

Doch nun von dem hochbetagten alten Herrn noch einmal zurück zu den Kleinsten in unserer Familie, dem dreijährigen Phil und dem sechsjährigen Ben. Die beiden kamen vergangene Woche, wie immer voller Power, bei uns an. Freudestrahlend brachten sie eine orangefarbene Klappkarte mit, die sie für Mamas bevorstehenden 40sten Geburtstag künstlerisch gestalten wollten. Recht schnell machten sie sich ans Werk, Ben zuerst. In rasantem Tempo malte er auf die eine Seite der Karte ein äußerst schmales mehrstöckiges Haus mit vielen Fenstern. Die bestückte er mit viel Grün, wegen dem Geburtstag, wie er zu Phil bemerkte. Oben ein Streifen blauer Himmel, unten etwas grüne Wiese, über allem die Sonne, und fertig war das Kunstwerk! Nun war Phil an der Reihe, und er legte seine kleine Hand auf die andere Seite, damit Ben die Umrisse malen konnte. Es war zu schön mit anzusehen, wie die beiden Brüder Kopf an Kopf und voller Intensität bei der Sache waren. Phil wurde immer wieder ermahnt, seine Hand ruhig zu halten, was ihm aber nicht so leicht fiel. So gerieten die letzten drei Finger am Ende nadelspitz, während Daumen und Zeigefinger in der Breite ein beträchtliches Ausmaß annahmen. Egal, Künstler wie auch Modell waren zufrieden, und als Krönung malte Phil noch ein paar zarte bunte Striche in seine Hand. Ben versah Vorder- und Hinterseite der Karte als Abschluss mit einem gemalten Band und Schleife; somit hatte das Geschenk auch eine hübsche Verpackung erhalten. Aber plötzlich fiel ihm noch etwas ein, was er wohl vergessen hatte. Zu seinem kleinen Bruder Phil gewandt sagte er: „Und jetzt schreiben wir der Mama noch einen Gruß darunter von Gott, dem Sohn und dem Heiligen Geist!" Ich hielt an mich, um nicht laut zu lachen, bekam aber später eine Erklärung für diese Grüße. Unsere Tochter und unser Schwiegersohn waren gerade mit den Kindern von ein paar Tagen Pfingsturlaub zurückgekommen. Dort auf dem Campingplatz im Münsterland gab es am zweiten Feiertag einen Gottesdienst, den sie gemeinsam besuchten. Dabei ist dem Ben die Trinität wohl sehr eindrücklich im Gedächtnis geblieben, dass es ihm wichtig wurde, das zu dokumentieren.

Je nachdem was der kleine Kerl an Gedanken und Überlegungen von sich gibt, denke ich manchmal: so kindlich müsste man glauben können!

Unser Urlaub auf Korsika

Für den Spätsommer 2009 hatten wir eine Korsika Reise gebucht. Eberhard und ich freuten uns sehr darauf, zumal es nach vielen Jahren noch mal eine Flugreise war. Doch konnten wir nicht ahnen, was uns dort so alles erwarten würde! Der Flug war angenehm. Neben mir saß eine junge Kriminalkommissarin. Unser angeregtes Gespräch mündete im Verlauf der Unterhaltung zu meiner Freude in Religions- und Glaubensfragen. Nach der Landung und kurzem Transfer erreichten wir unsere Ferienwohnung, wo eine große Palme ihre Zweige über dem Balkon ausbreitete. Die Luft war klar und rein, das Meer nicht weit, und wir genossen das südliche Flair. Jeden Morgen und Abend gab es eine Andacht im Haus, an der man nach Wunsch teilnehmen konnte. Also Erholung für Körper und Seele pur. Und dann eine kleine

Extra Freude für mich: ausgerechnet über meine Urlaubslektüre gab es einen Literarischen Abend. In der schönen Altstadt am Hafen wurden täglich größere oder kleinere Schiffsreisen angeboten. Da mein Mann sehr schnell seekrank wird, und ich das einmal miterleben musste, wie sein Kreislauf größte Schwierigkeiten machte, hatte ich an einen Ausflug "auf See" überhaupt nicht gedacht. Somit überraschte mich Eberhard mit dem Wunsch, einen Nachmittag auf dem Mittelmeer zu verbringen. An besagtem Tag strahlte die Sonne vom blauen Himmel, und die Wasserfläche war ganz ruhig, so dass wir mit vielen anderen Passagieren frohgemut das Schiff bestiegen. Aber nach einer knappen halben Stunde auf See änderte sich die Lage gewaltig! Der Himmel hatte sich verfinstert, und es gab hohen Wellengang. Mir wurde angst und bange. Das Personal verteilte Spucktüten, die auch reichlich benutzt wurden. Ein Vater flüchtete mit seinem kleinen Sohn auf dem Arm in den hinteren Teil des Schiffes, während die Mutter schreckensbleich wie angenagelt auf ihrem Platz verharrte. Einige Reihen hinter uns lag eine Frau, die den Rest der Fahrt in der Horizontalen verbrachte, während sie krampfhaft den Beutel in der Hand hielt. Es spielte sich also einiges ab, doch meine größte Sorge galt natürlich meinem Mann. Ich beobachtete ihn ständig, wie er sich den Schweiß vom Gesicht abwischte und eisern nach vorne schaute. Doch dann stellte ich plötzlich fest, wie er die Farbe wechselte und ganz weiß um den Mund wurde. Und da brach bei mir die Panik aus! Mir wurde bewusst, dass wir uns in einer total aussichtslosen Lage befanden. Die Fahrt hatte erst begonnen, und es lagen noch einige Stunden vor uns. In einem Notfall wäre kein Arzt zu erreichen und eine Anlegestelle gab es auch nicht, denn wir befanden uns auf dem offenen Meer. Der Gedanke daran, dass Eberhard erst vor drei Jahren einen Herzinfarkt überstanden hatte, steigerte meine Angst und ich bekam krampfartige Herzbeschwerden. In meiner Not schrie ich innerlich zu Gott mit der Bitte: Jesus hilf!!! Und das Wunder geschah! Innerhalb weniger Minuten wurde ich total ruhig, meine Beschwerden waren wie weggeblasen, und ich konnte gelassen jeder Welle entgegen sehen. Mehr noch, ich gab mich der Wellenbewegung hin, und das half mir auch. Meinen Mann beobachtete ich weiterhin, aber er hielt sich tapfer. Als wir in die schmalen und malerisch schönen Buchten schipperten, war das Wasser natürlich ruhiger. Ich staunte über die Farbenvielfalt der Felsen, die steil aus dem Meer ragten, und über zwei kleine Ziegen. Sie standen in schwindelnder Höhe auf dem Abhang eines Felsens. Etwas weiter zeigte sich unseren Augen ein Adlerhorst, und das alles als ein Wunderwerk der Schöpfung! Unser Schiff fuhr so nahe an die Klippen heran, dass ich dachte, wir würden jeden Moment anstoßen. Aber der Kapitän verstand sein Handwerk sehr gut und manövrierte uns wieder hinaus auf die nach wie vor unruhige See. Ich konnte jedoch immer nur danken, zumal Eberhard relativ gut durchhielt. Im Gegensatz zu vielen anderen Passagieren musste er sich nicht einmal übergeben, und der Kreislauf spielte nicht verrückt. Nach zirka vierstündiger Fahrt verließen wir in großer Erleichterung und unendlicher Dankbarkeit das Schiff. Wieder einmal durften wir Gottes Nähe und seine Hilfe hautnah erfahren. Wie ER jedoch auch in kleinen Dingen hilft, das erlebte ich ein paar Tage später. Ohne jegliches Gepäck oder gar eine Tasche wanderte ich weit an der Küste entlang. Ich gelangte an eine Stelle, wo wunderschöne Steine an den Strand gespült wurden. Fasziniert sah ich jeder Welle entgegen, die neue Wunderwerke in den Sand schwemmte. Jeder Stein ein Unikat, so dachte ich bei mir und beschloss sogleich, viele davon zu sammeln und eine kleine Meditation dazu zu schreiben. Mit diesem Mitbringsel aus Korsika könnte ich die Frauen überraschen, die ich zu einem „Wohlfühlwochenende" eingeladen hatte. Gedacht, getan! Mit großer Begeisterung suchte ich die total verschiedenen Steine aus, doch plötzlich wurde mir bewusst, dass meine beiden Hände nicht ausreichten, um diese Schätze in unsere Wohnung zu transportieren. „Hätte ich doch nur eine einzige Plastiktüte dabei, schoss es mir durch den Sinn. "Und genau in dem Moment spülte mir das Meer einen weißen Kunststoffbeutel vor die Füße! Ich konnte mal wieder laut "Danke" sagen, und meine Schätze nach Hause tragen. Ich habe vor- und nachher nie mehr eine dieser Einkaufstaschen im Wasser gesehen. Doch damit hat meine "Steingeschichte" noch kein Ende. Daheim angekommen habe ich sie auf dem Balkontisch unter einem Palmenzweig zum Trocknen ausgelegt und von Eberhard bewundern lassen. Dann fettete ich meine Hände und rieb jeden einzelnen liebevoll damit ein. In ein Tuch verpackt verstaute ich sie am Abreisetag in meinem Handgepäck und ahnte nicht, was mich am Flughafen bei der Abfertigung erwartete. Dort musste ich nach der Durchleuchtung meine Tasche öffnen, und die Steine wurden mit einem bitterbösen Blick in Augenschein genommen. Ich erschrak, war mir jedoch keiner Schuld bewusst, da es sich ja nicht um Edelsteine handelte. Aber das Flughafenpersonal war bei der Abfertigung wohl anderer Meinung! Einer sah den anderen unschlüssig an, dann mich, und das erlösende Handzeichen kam, welches signalisierte: Lass Sie sie mitnehmen!!! Da war ich richtig happy und konnte wieder einmal "Danke" sagen. Später habe ich dann folgendes dazu geschrieben: <u>Einmalig:</u> Steine, unendlich viele am Meeresstrand von Korsika und anderswo auf der ganzen Welt. Und doch- jeder ist einmalig und keiner gleicht genau dem Anderen.

MENSCHEN, unendlich viele auf der ganzen Welt. Und doch- keiner gleicht genau dem Anderen. Jeder ist ein einmaliger Gedanke GOTTES. So, wie ich bin, hat ER mich gedacht und

in das Leben gerufen. Immer wieder spricht ER zu mir durch
JESUS CHRISTUS: DU bist mein geliebtes Kind!

Familien-Tradition

Zurzeit freut sich Ben sehr auf seine bevorstehende
Einschulung und unsere kleine mehrtägige Reise. Schon öfter
hörte ich die Frage: „Oma, wann fahren wir denn endlich
"nach Sauerland"? Es ist nämlich Tradition, dass ich mit
jedem unserer Enkelkinder vor der Einschulung ein paar
Tage in ein gemütliches Familienhotel in das wunderschöne
sauerländische Örtchen Saalhausen fahre. Für Eberhard und
mich ist es im Laufe der Jahre fast ein zweites Zuhause
geworden und als Kurzreiseziel sehr beliebt. Ich finde es
einfach herrlich, schon nach gut einstündiger Fahrt den Koffer
auszupacken und nach einem köstlichen Mittagessen, sowie
anschließendem Schläfchen einen der vielen schönen
Wanderwege in Angriff zu nehmen, zwischendurch irgendwo
auf einen Cappuccino einzukehren und somit den ersten
Urlaubstag schon voll genießen zu können. Ben weiß von
seinen größeren Schwestern, wie das Ganze so abläuft, weil
ich den Mädels alles aufgeschrieben und mit Fotos
dokumentiert habe. Er möchte nach Möglichkeit, dass wir das
gleiche Zimmer bekommen, dass ich jeden Morgen mit ihm
zum Wassertreten gehe, wir auf dem kleinen Bach im Kurpark
Büchsen schwimmen lassen, zu einer Bus- und Einkaufsfahrt
starten, im Hallen- oder Freibad schwimmen gehen und
vieles mehr. Ich stelle mich ein auf schöne aber auch
anstrengende Tage, in denen ich unaufhörlich gefordert bin.
Aber das ist ja wohl das Besondere, die Oma einmal ganz für
sich alleine zu haben, ohne dass die anderen Geschwister
dabei sind. Der Opa bringt uns hin, verlebt noch einen
schönen Tag mit uns zusammen und fährt dann auch gerne

wieder nach Hause. Dort hat er seinen geordneten und ruhigen Tagesablauf. Aber durch das abendliche Telefonegespräch bleiben wir verbunden, und er nimmt Teil an unseren Aktivitäten. Ich glaube, dass wir damit unseren Enkelkindern nicht nur jetzt, sondern auch für später eine unvergesslich, schöne Erinnerung bereiten. Diese gemeinsamen Erlebnisse erfüllen mich mit großer Freude und Dankbarkeit. Als Pascal im ersten Schuljahr war, und Ferien hatte, fuhren wir mit ihm eine Woche ins Sauerland. An diesen Urlaub auf dem Bauernhof erinnert er sich heute noch sehr gerne. Am Sonntag, dem 14. Juni 2009 feierten wir schon seine Konfirmation. Dazu suchte er sich seinen Konfirmationsspruch selber aus, der lautet:

Ein Mensch sieht, was vor Augen ist, der Herr aber sieht das Herz an.

Möchten ihm doch diese Worte aus dem 1. Buch Samuel 16, Vers 7 wichtig werden für sein Leben. Das ist unser Wunsch und Gebet für ihn. Auch den vierzigsten Geburtstag unserer Steffi durften wir als ein sehr schönes Fest feiern. Mein Bruder Hans wurde 60 Jahre alt, und gerade an solchen Tagen wird einem ganz stark bewusst, wie unaufhörlich das Leben weiterzieht. Doch immer wieder sehen Eberhard und ich mit großer Dankbarkeit zurück auf Gottes Segensspuren in unserem Leben. Gleichzeitig sind wir aber auch gespannt auf das, was ER uns noch zugedacht hat. Mein größter Wunsch ist der, dass unsere Familie, Freunde, Verwandte und Bekannte, sowie noch viele Menschen Jesus Christus als ihren Herrn und Heiland in ihr Leben aufnehmen und den Lebensweg mit ihm gehen. Dann werden auch sie erfahren, wie spannend das ist! Möchte Gott es schenken, dass ich mit dem Schreiben dieses "gedruckten Vermächtnisses" innerhalb und außerhalb meiner Familie etwas dazu beitragen kann.

Monika mit Familie Dezember 2009

Heimatlied zur Jubiläumsfeier anlässlich 550 Jahre Wilkenroth
zu singen auf die Melodie: Schön ist die Jugend...

O du mein Wilkenroth, sei mir gepriesen
an diesem Tage nun und alle Zeit.
Mit deiner Gärten Zier und grünen Wiesen
und schmucken Häusern noch aus alter Zeit.
Egal, was kommen mag, du bleibst an jedem Tag
mir doch die Heimat für alle Zeit.

Gar viele Jahre sind schon verronnen
seitdem mein Wilkenroth geboren ward.
So mancher Lebensweg hat hier begonnen
und dann hinausgeführt in ferne Stadt.
Egal, was kommen mag, du bleibst an jedem Tag
mir doch die Heimat für alle Zeit.

Schon Gold und Silber hast du bekommen,
und hohe Ehre ward dir zuteil.
Doch heute Abend hast du vernommen
mein Treugelöbnis für alle Zeit.
Drum sag ich' s noch einmal,
Du bleibst auf jeden Fall
mir doch die Heimat, mein Wilkenroth!

17. September 1986   Monika Seibel